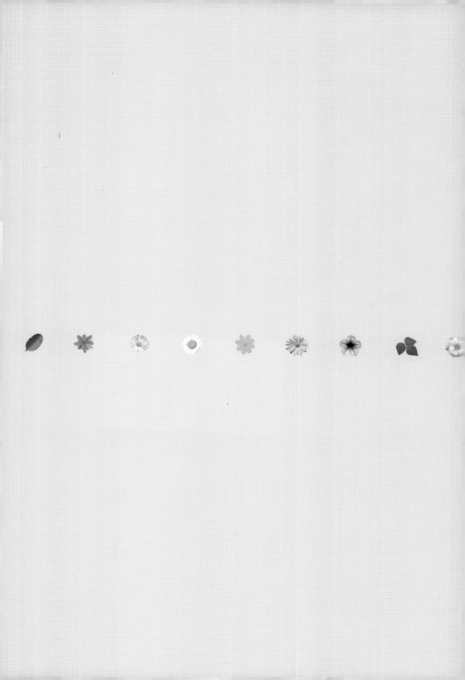

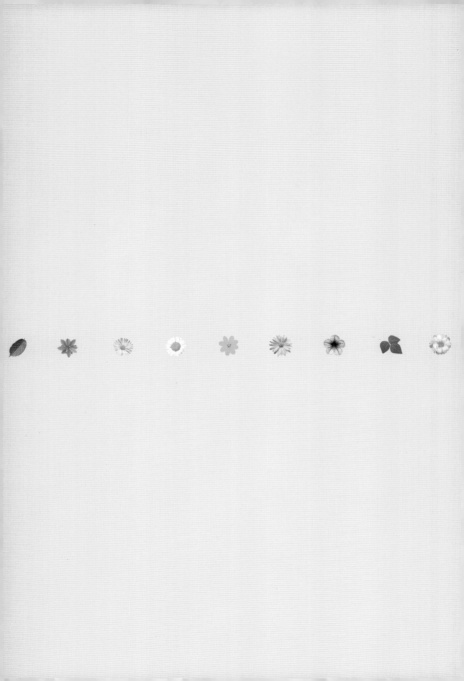

| 강여울 | 풀씨처럼 | ⑪

첫사랑 고백을
듣던 그 날처럼

오 혜 령 · 영 성 묵 상 기 도 집

도서출판
이유

오혜령 영성묵상기도집

| 강 여 울 | 풀 씨 처 럼 | ⑪

첫사랑 고백을 듣던 그 날처럼

 ⓒ 이유 2003

글쓴이 · 오혜령
펴낸이 · 김래수

초판 인쇄 · 2003. 11. 25
초판 발행 · 2003. 11. 30

기획 · 정숙미
편집 · 김성수 · 한진영
북디자인 · N.com (749-7123)
분해, 제판 · 성광사 (2272-6810)
인쇄 · 청송문화인쇄사 (2676-4573)

펴낸 곳 · 도서출판 이유
주소 · 서울특별시 동작구 상도5동 103-5 성은빌딩 3층
전화 · 02-812-7217 팩스 · 02-812-7218
E-mail · eupub@hanafos.com
출판 등록 · 2000. 1. 4 제20-358호

ISBN 89-89703-45-X 04230
ISBN 89-89703-34-4(세트)

| 강여울 | 풀씨처럼 | ⑪

첫사랑 고백을
듣던 그 날처럼

오 혜 령 · 영 성 묵 상 기 도 집

벗은 나무의 침묵

주님, 이 숲의 나무들이
차례로 옷을 벗기 시작했습니다
아침마다 잠에서 깨어 일어나
창 밖의 나무들을 바라보는 기쁨을 누립니다
어제까지만 해도 속옷은 입고 있었는데
오늘 아침 완전히 발가벗고
천진스럽게 서 있습니다
어쩌면 이리도 아름다운지요!

주님, 나무들이 옷 벗는 것을
한두 해 지켜본 것이 아닙니다
그런데 유독 올해에는
그들이 옷 벗는 장면을 몇 번이나
제 눈으로 직접 보았습니다
목욕하러 물에 들어가기 전

훌훌 옷을 벗어던지듯, 아무도 의식하지 않고
대담하게 옷을 벗었습니다
제가 엿보고 있는 것을 알 리가 없습니다
산새들도 어디론가 떠난 지금,
나무들의 세상입니다
미련없이 벗어던진 이파리옷들이
나무 밑에 소복합니다
아직 태우지 말라고 해야 할까 봅니다
봄 여름 가을 동안
나무들이 입고 있던 그 옷들을
한동안 더 구경하고 싶습니다

주님, 옷을 벗기려고 하지 않아도
스스로 벗는 나무가 부럽습니다
갈아입지 않겠다고 고집부리지 않는 나무가

몹시 사랑스럽습니다

묵은 옷이 어때서 그러느냐고

한사코 옷을 붙들고 늘어지지 않는

나무들이 귀엽습니다

벗고도 부끄럼타지 않고

겨울의 모진 추위를 감당할

각오를 하고 있는 나무가 퍽 대견합니다

주님, 저는 껴입은 옷을

언제쯤이나 벗을 수 있을까요?

당신께서 벗으라고 명하시기 전에

미리 옷을 벗고 싶습니다

알몸을 드러내기 부끄러워,

알몸에 와 닿을 바람이 두려워,

알몸으로 견뎌야 할 추위가 엄두가 나지 않아,

뭉그적거리는 저를 용서해 주십시오

주님, 나무들은 옷을 벗고 나면

침묵으로 들어갑니다

저는 그들의 침묵이 부럽습니다
옷을 벗은 후 새 노래로 당신을 찬양하는
나무들이 존경스럽습니다
저도 새 영혼이 부르는 노래,
새 마음으로 지어 부르는 노래,
새 나라에서 부를 노래를
미리 불러보고 싶습니다

주님, 아, 지금,
잠옷바람으로 있던 나무 한 그루,
그 옷을 벗어 버렸습니다
미끈한 몸매를 자랑하듯
흘러내리는 잠옷을 발가락으로 걷어 내고 있습니다
한기를 느껴 옷 하나 더 껴입으려던
제가 무안해서 돌아섭니다
저도 과감히 옷을 벗을까요?
그러면 과연 침묵의 노래를 부를 수 있을까요?

아멘

첫사랑 고백을 듣던 그 날처럼

서시 · 벗은 나무의 침묵

1일	너를 기쁘게 하고 싶어	10
2일	고요가 이미 내 안에 와 있도다!	16
3일	당신은 문제의 정답	24
4일	옛 습성에 질렸어요	29
5일	당신의 모루에 벼려서라도	33
6일	우린 서로에게 그리스도	36
7일	당신 가슴의 현들이 모조리 울리도록	42
8일	영원하고도 화사한 기쁨, '하늘나라'	48
9일	눈물을 거두시옵소서	54
10일	참 자유로서의 은총	59

11일 · 가라지 인생을 청산하게   63

12일 · 첫사랑 고백을 듣던 그 날처럼   68

13일 · 사랑, ~에서 끌어내기   75

14일 · 사랑, ~로 건너가게 하기   80

15일 · 사랑의 묵시   86

16일 · 하나씩 지명하여   90

17일 · 복된 시간의 전환이여!   95

18일 · 물러설 때와 돌아설 때   99

19일 · 더 커지지 않는 눈으로   104

20일 · 엄청난 힘의 비밀   111

21일 · 돌아오너라   116

22일 · 사랑, 이보다 더 위대한 낱말이 있다면   120

23일 · 언제 갚사오리   124

24일 · 철철 넘치도록   129

25일 · 당신은 춤, 나는 춤꾼   133

26일 · 난 간 데 없고 오직   140

27일 · 이삭 남기기   147

28일 · 싹터오는 새 일   154

29일 · 하늘을 땅으로 내려오도록   158

30일 · 오늘, 그리고 언제까지나   161

· 성경 찾아보기   167

♣ 주님께서 내 마음에 안겨 주신 기쁨은
햇곡식과 새 포도주가 풍성할 때에 누리는
기쁨보다 더 큽니다. (시 4:6-8)

너를 기쁘게 하고 싶어

하나님,
수확이 끝난 마을사람들이
뿌듯함을 안고 여행길에 오릅니다
땀 흘려 일한 보람을 거두어
한가득 가슴에 넣고
홀가분한 마음으로 여로에 오릅니다
저도 덩달아 기쁩니다
뙤약볕에 구릿빛 된 그들의 얼굴에서
모락모락 기쁨이 올라옵니다
잘 다녀오길 바라면서
당신께 맡겨 드리오니

즐거운 여행 되게 하소서

하나님,
올 겨울 기도의 차원을 높이려고,
새로운 지평을 넓히려고,
당신 앞에 오래오래 앉아 있는
크나큰 기쁨을 누렸습니다
제 마음에 심어 주신 당신의 기쁨,
측량할 길 없습니다
쥐어 짜는 것이 아니라
자연스레 유출되는,
영혼의 깊은 곳에서 솟고 또 솟는 기쁨,
고통과 시련과 질병과 무관한 기쁨,
곡식이다, 포도주다,

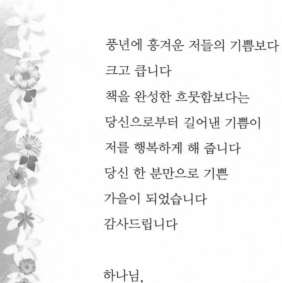

풍년에 흥겨운 저들의 기쁨보다
크고 큽니다
책을 완성한 흐뭇함보다는
당신으로부터 길어낸 기쁨이
저를 행복하게 해 줍니다
당신 한 분만으로 기쁜
가을이 되었습니다
감사드립니다

하나님,
저는 당신으로부터 선물을 너무도 많이 받아
다 헤아릴 수 없습니다
그 중에 제일 큰 선물은
다른 사람들을 기쁘게 해 주려는
제 마음입니다
어릴 때부터 저는 희극배우였습니다
일상에서 기쁨만들기를
아주 즐거워합니다
제 꿈은 소박합니다

'너 하나만을 기쁘게 하는 것'
이것이면 만족합니다
'너' 둘도 기쁘게 할 수 있다면
더 뛸 듯이 기쁘겠지요
먼저 얼마짜리 선물보다는
사랑이 가득 담긴 카드의 글을
기뻐하는 사람이 되고 싶습니다
'너'도 그런 기쁨을 누린다면
얼마나 좋을까요?

하나님,
기쁨을 줄 수도 없고
기뻐할 일도 없는 곳이
바로 지옥이 아닐까요?
참된 기쁨을 모르는 삶 자체가 지옥입니다
너를 기쁘게 하기 위하여
온갖 궁리를 다 하고
상상력을 발동하여
아름다운 일을 꾸밀 때,

거기 당신의 생명력이 넘칩니다
자신을 열어, 자신을 아낌없이 내어 주는 기쁨,
서로 나누면 몇 배로 커지는 그 기쁨을
홀로 간직하다가 썩히지 않게 해 주소서

하나님,
당신은 언제나 저를 기쁨으로 초청하십니다
당신을 아는 기쁨
당신을 사랑하는 기쁨
당신을 신뢰하는 기쁨
하늘나라를 갈망하는 기쁨
형제를 사랑하는 기쁨

무가치한 제 자신마저도 사랑하는 기쁨으로,

당신으로부터 받은 그 기쁨으로,

온갖 슬픔을 이기고도 남습니다

온갖 고통을 다 이기고도 남습니다

그러므로 저는 이 기쁨을

알려야 할 의무가 있습니다

저 혼자만

이 기쁨을 누릴 수 없습니다

'너' 하나만이라도 기쁘게 하렵니다

그러다가 더 많은 '너들'을

기쁨으로 불러들이렵니다

이 사명을 끝까지 완수하도록

저를 당신 기쁨의 불에

온전히 지져 주소서

그 덴 자국을 보이며

그들도 기쁨으로 타 붙고 싶은

뜨거운 열망이 넘치도록   † 아멘

♣ 내가 너와 함께 있으니, 두려워하지
        말아라. 내가 너의 하나님이니,
떨지 말아라. (사 41:8-10)

고요가 이미 내 안에 와 있도다!

아버지,

오늘은 묵상기도가 잘 안 됩니다

당신 말씀이 안 들려옵니다

머릿속이 고요해지지 않습니다

내 딸아, 귀로 듣지 말아라

머리로 듣지 말아라

난 네 마음에 대고 말한다

네 마음에 들려오는 것을 들어라

들으려고 애쓰지 말고

들려올 때까지 기다려라

먼저 네 마음 안에
고요가 있는지 살펴보아라

아버지,
어떻게 집중해야
고요를 깨뜨리는 잡념을
몰아낼 수 있을까요?
온갖 종류의 생각과 느낌이
오늘따라 제게서
줄곧 떠나지 않습니다

내 딸아,

내 말에 젖어들기 위해서
우선 계속 되풀이해라
"두려워 말라. 내가 네 곁에 있다."
넌 지금 너 혼자 앉아 있기 때문에
고요에 이르지 못한다
내가 네 곁에 있지 않느냐?
내가 너의 아버지이니
떨지 말아라
내가 누구냐?
널 땅 끝에서 데려왔고
먼 곳에서 불러냈다

내가 너를 뽑아 세우고

너를 버리겠느냐?

내 말만을 마음에 차곡차곡 쌓아라

말씀은 영원히 변하지 않는 것,

흔들림이 없다

그러나 네 생각과 감정은

수시로 바뀐다

자꾸 바뀌는 느낌이

어찌 너를 좌우할 수 있으랴!

생각이 제 아무리 널 혼란케 해도

말씀의 닻을 펴면

네 마음의 배가

흉흉한 네 생각의 파도 한가운데서도

결코 흔들리지 않으리라

아버지,

그것들에 무관심하라시는 건가요?

제 정신과 의지를

당신 말씀을 통해 한데 묶어

말씀의 사다리로 내려가
제 마음의 방으로 들어가라는 의미이신가요?
그 다음엔 어떻게 하죠?

내 딸아,
너의 존재내면의 방엔
고요가 깃들어 있단다
내가 너를 지을 때
나의 안식일의 휴식의 고요와
평화를 이미 준 것이다
그 곳은 잡념을 잠재우는
침묵의 공간이다
나와 만날 수 있는
신비의 자리이다
그 곳은 네 자신의 계획과 생각이 들어갈
여백이 없다
네 욕심과 상처가
들어갈 곳이 없단다
고요는 네가 만들 수도 없고

만들 의무도 없는 것이다
네 안에 이미 있도다

아버지,
알아듣기 어렵습니다
그런데 저는 왜 이 고요와
자주 단절되는 것일까요?
제 안에 있는데
왜 제가 그 고요로
들어가지 못하는 것일까요?

사랑하는 내 딸아,
넌 네 스스로 그 고요 안으로
너를 내려 놓을 수 있단다
바닷속으로 잠수하는 것을
상상해 보아라
바다 표면은 물결 때문에
안정되어 있지 못해도
네가 더 깊이 물 속으로 들어가면

거기에는 파도가 없다
오직 고요만 있을 뿐이다
고요로 들어가란 말은
고요가 있다는 뜻이 아니냐?
없는 고요로 어떻게 들어가랴!

아버지,
고요로 들어간다는 것은
이미 제 안에 고요가 있다는 것이고
저는 들어가도록 벌써 허락을 받았다는 것을
이제서야 깨달았습니다
그러니까 묵상기도는
제가 아무 잡념에도 시달리지 않아야 한다는
의미가 아니로군요
생각이 계속 떠올라도
그것에 집중하지 않고
저의 고요로 파고들면 된다는 것을
이제야 알았습니다
전 당신과 함께 있게 될 때까지

계속 끈질기게
고요와 침묵으로
내려가기만 하면 되는 거로군요
그 어떤 고뇌도 방해할 수 없는
당신이 계신 곳, 거기로 끊임없이
내려가고 싶습니다

저를 외적 파도로부터 해방시켜
자유롭게 해 주는 고요와 침묵으로 들어가도록
제게 끈기의 은총을 내려 주소서
이뤄 주실 줄 믿고 감사드립니다 †아멘

♣ 다윗이 주님께 아뢰었다. "제가 저 블레셋
사람들을 치러 올라가도 되겠습니까?
주님께서 그들을 저의 손에
넘겨 주시겠습니까?" (삼하 5:17-25)

당신은 문제의 정답

지혜의 원천이신 하나님,

오늘도 당신께서 내려 주신 지혜로

세상을 살았습니다

지식의 원천이신 하나님,

오늘도 당신께서 가르쳐 주신 말씀으로

세상을 이겼습니다

능력의 원천이신 하나님,

당신께서 이미 주셨고,

또 날마다 더 부어 주시는 능력으로

일하고 기뻐하며 살았습니다

지혜와 지식과 능력을 주신 당신께

감사와 영광을 드립니다

하나님,
산다는 것이 무엇입니까?
아무것도 모르는 인간이
매일 필요한 것들을
하나님이신 아버지께로부터 받아
그것으로 당신을 기쁘시게 하고
이웃에게 도움을 주고
또 저희도 사람 구실하며
의미를 살아내는 것이 아닌가요?
저희가 아무것도 아니라는
이 한 가지 사실을 깨닫기만 한다면
이 세상은 문제 될 것이 없겠죠?

하나님, 내 주 하나님,
당신을 모신 저희가
어려운 문제 때문에 고뇌한다는 것은
어불성설입니다

당신은 어려운 문제의 정답이시며
모든 문제의 최상의 해결사이시기 때문입니다
당신께 문제를 내놓자마자
그 문제가 즉시 풀린다는 것을
믿지 않는 저희가 문제입니다
이런 조그만 문제를
어떻게 하나님이신 분께 말씀드릴까 보냐,
이런 인간적인 문제를
어찌 하나님께 풀어 주십사
청원할 수 있을까 보냐 하며,
당신께 여쭤볼 문제의 범주를
저희 스스로 결정하려고 하는 것이
문제입니다
당신은 모든 문제를 아실 필요가 있으시고
그 문제는 당신의 뜻대로
해결이 되어야 한다는 것을
일깨워 주시옵소서

하나님,

내 주 하나님,
다윗은 편안할 때나 문제에 부딪칠 때나
항상 당신께 문제를 내밀고
해결방안을 여쭤 보았습니다
그 때마다 당신께서는
문제를 푸는 방법을 자세히 알려 주셨고
그는 당신께서 하라시는 대로 순종했습니다
자신이 미리 세워 놓은 뜻이 없었습니다
자신이 이루고 싶은
자신만의 계획이 없었습니다
오직 당신께서 말씀해 주시는 대로만
따르려고 했습니다
순종의 본질을 아는 자였습니다
자신의 뜻을 버리고 당신 뜻으로만
해결책을 삼았습니다
당신의 응낙을 받아
당신 뜻대로 순종하기만 하면
승리가 올 것임을 굳게 믿은
다윗의 확고부동한 신앙을

본받고 싶습니다

하나님,
내 주 하나님,
문제가 생기거나 아무 일도 없거나
이 세상을 사는 동안
나를 향한 당신의 뜻이 무언인지 알아
나를 향한 그 뜻을 말씀대로 따를 수 있는
겸손과 단순한 마음을 주시옵소서
내 뜻을 당신 뜻이라 주장하지 말게 하시고
당신 뜻을 분별할 수 있는 지혜를 주시옵소서
당신 말씀의 빛의 인도를 받는
참 믿음의 소유자가 되도록
은총을 베풀어 주시옵소서　†아멘

♣ 새 포도주는 새 가죽부대에
넣어야 한다. (눅 5:36-39)

옛 습성에 질렸어요

새 포도주를 담을 새 부대가 되라고
분부하시는 주님,
저희는 묵은 것이 더 좋다면서
좀처럼 새 것을 마시려 하지 않습니다
당신 안에서 확장되는 생명과 사랑은
판에 박은 케케묵은 형식 안에
가두어 둘 수 없다는 사실을
일깨워 주소서
당신 안에서 솟아나는
영원한 기쁨과 순결한 자유는
고루한 낡은 틀에

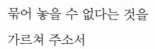

묶어 놓을 수 없다는 것을
가르쳐 주소서

새 포도주를 담을 새 부대가 되라고
말씀하시는 주님,
당신의 뜻을 알아차리는
새로운 인식과
그 뜻을 나타내는 새로운 방법이
긴급하게 요청된다는 사실을
터득하게 해 주소서
하나님의 목적을 이루기 위해서는
형식에 치중하는 율법주의를 벗어나
새 눈과 새 결심이 필요하다는 것을
깨닫게 해 주소서
새로운 진리는 열린 마음에 담게 하시고
그 진리로 나와 너를 개혁하게 해 주소서

묵은 사람은 반기지 않으시고
새 사람을 기뻐 맞으시는 주님,

새 아담이신 당신께 나아가기 위해
새 사람이 되고 싶습니다
묵은 것, 헌 것을 다 찢어 없애고
태워 버리기를 소원합니다
낡은 사고, 진부한 신관,
어제의 나태와 지난날의 안일을
과감히 끊어 버리고
새로운 인식, 새로운 신상,
미래지향적 개혁의지를 지니고
실천하도록 인도해 주소서
새로워지지 않으면,
존재가 변형되지 않으면,

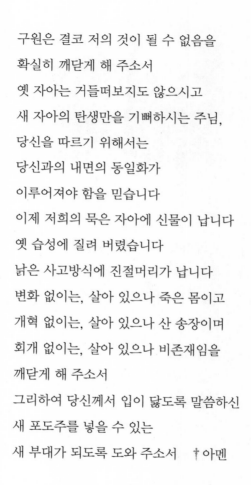

구원은 결코 저의 것이 될 수 없음을
확실히 깨닫게 해 주소서
옛 자아는 거들떠보지도 않으시고
새 자아의 탄생만을 기뻐하시는 주님,
당신을 따르기 위해서는
당신과의 내면의 동일화가
이루어져야 함을 믿습니다
이제 저희의 묵은 자아에 신물이 납니다
옛 습성에 질려 버렸습니다
낡은 사고방식에 진절머리가 납니다
변화 없이는, 살아 있으나 죽은 몸이고
개혁 없이는, 살아 있으나 산 송장이며
회개 없이는, 살아 있으나 비존재임을
깨닫게 해 주소서
그리하여 당신께서 입이 닳도록 말씀하신
새 포도주를 넣을 수 있는
새 부대가 되도록 도와 주소서   † 아멘

♣ 하나님의 의가 복음에
나타나 있으며, 믿음으로 믿음에
이르게 합니다. (롬 1:16-17)

당신의 모루에 벼려 서라도

구원의 능력인 복음으로
초청해 주시는 주님,
오늘도 당신의 능력의 말씀을
듣게 하시오니 감사합니다
죄사함의 능력, 말씀의 능력,
당신을 따르는 자들에게 주시는
능력을 믿으며 환호합니다
믿는 자들에게 주시는 구원을 통하여
당신이 이룩하시는 공동체에
속하게 하시니 감사합니다
하나님과의 새로운 관계로

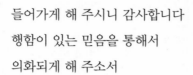

들어가게 해 주시니 감사합니다
행함이 있는 믿음을 통해서
의화되게 해 주소서

구원의 능력인
복음으로 초청해 주시는 주님,
구원의 능력, 과거의 속박에서
자유함을 얻는 능력,
하나님의 자녀가 되는
영광스러운 자유를 누리는
능력을 주시오니 감사합니다
하오나 저희는
지적 동의로서의 믿음만 있지
실행하는 믿음이 없어
확고한 신앙의 기반이
흔들릴 때가 많습니다
식은 믿음, 열정 없는 믿음,
말뿐인 믿음, 행위 없는 믿음,
이성적이기만 한 믿음을 버리고

뜨거운 믿음, 소망 중의 믿음,

실천하는 믿음으로

건너가도록 도와 주소서

당신의 모루에 벼려서라도

연단시켜 주소서

당신의 숫돌에 갈으셔서라도

예리하게 만들어 주소서

그리하여 당신께서 거저 주시는

은사로서의 믿음을

받아 누리게 해 주소서

믿음의 활력과 믿음의 역동성을 얻어

신앙을 생활에 침투시켜

참된 신앙인으로 살고 싶사오니

부디 도와 주소서

오직 완전한 믿음을 통해서

하나님과 올바른 관계를

맺게 해 주소서 † 아멘

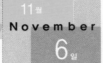

♣ 그러므로 내가 네게 말한다. 이 여자는
   그 많은 죄를 용서받았다. 그것은 그가
   많이 사랑하였기 때문이다. (눅 7:36-50)

우린 서로에게 그리스도

주님,
당신의 등 뒤, 발치에
누가 서 있었죠?
어떤 죄 많은 여인, 마리아인가요?
울면서 눈물로 당신 발을 적시고
머리칼로 닦고 입맞추고
옥합을 깨뜨려 그 향유를 발라 드린
죄인이라 불린 여인,
그 여인은 많이 사랑했기에
당신께 전적인 용서를 받았지요?
저도 당신을 많이 사랑하여

온전히 용서받고 싶습니다
당신의 인격을 향하여 열린
자신의 비참 위에
사랑의 성전을 세웠던
그 여인을 본받고 싶습니다
당신은 그 열림을 받으셔서
그녀를 새로 빚으셨습니다
자유가 없던 그녀가
당신 안에서 빛을 찾고
의미를 찾을 수 있게 되리라 믿으며
큰 희망을 품었습니다
아, 비로소
천국이 열린 것입니다

주님,
저희도 당신을 향하여 열려 있기만 하면
구원을 받을 수 있겠죠?
당신의 사랑 앞에 저희 자신을
계속 발가벗도록 해 주소서

자신을 바라보는 것이 아니라
다만 당신의 사랑 안에
저희 자신을 드러내 보이게 해 주소서
당신께로 돌아서기만 하면
자연스레 나를 초월하게 되고
나를 잃어버리게 되지요

나를 창조하고 내가 존재하기 시작하는
그 사랑으로 들어가기 때문입니다
당신께 바쳐지자마자
지난날 부족했던 사랑이 보충됩니다

그러고보면
저희가 당신을 받아들이는가
거절하는가의 문제만 있습니다
당신 편에서는 언제나 열린 마음,
자애로운 사랑을 지니고 계십니다
마음을 닫고 당신을 심판하고 있는 쪽은
바로 저희입니다
오 주님,
저희를 발가벗겨 주소서

주님,
발가벗긴 저희 자신의 과거를
영원 안에서 회복할 수 있도록
은총을 베풀어 주소서
미래란
당신을 만나러 앞으로 나아가는
저희 자신입니다
당신께로 나아갈수록
저희의 죽음을 초극하게 됩니다

두려움을 없애고 미래를 향하게 됩니다
완성에 이르고자 하는
진지한 열망을 가지게 됩니다
완성의 길을 딛는 첫 발이
불안정할 수 있다는 것을 받아들인 후
완전을 추구하도록 도와 주소서

주님,
"제가 여기에 있습니다.
이것이 저의 참모습입니다.
하지만 저는 실망하지 않습니다."
이렇게 말하며
당신을 바라보게 해 주소서
당신이 우리에게 맡겨져 있다는 것을
이해할 수 있는 자가 되고 싶습니다
그렇습니다
저희는 모두 서로에게 그리스도입니다
그렇게 되는 것만이
완성의 유일한 동기입니다

완덕이란 하나님의 생명을 방해하지 않고
당신을 닮은 사람들이 되는 것입니다
그리스도인의 삶 안에는
오직 하나의 현실만이 있습니다
그리스도께서 오셨다는 것,
그분 자신을 저희 손에 맡기셨다는 것입니다
오늘 세상 앞에 오직 우리를 통해서만
당신은 현존하실 수 있으십니다
우리가 어찌 이토록 겸손하고 다정하신
당신 사랑에 응답하지 않겠습니까!
저희가 당신에게 맡겨져 있다는 사실만
이해한다면
저희는 어딘가 잘못되어 있는 것입니다
당신을 저희가 받아들이고 맡을 때
비로소 저희는 모두 서로에게
그리스도가 된다는 사실을
깨우쳐 주소서 †아멘

당신 가슴의 현들이
모조리 울리도록

사랑하는 하나님,
당신께서 저를 부르신 그 날,
저는 어디에 있었죠?
당신께서 제 이름을 부르신 그 날,
저는 무얼 하고 있었죠?
당신께서 제 손 붙들고
당신의 사랑 가득한 마음을
열어 보여 주신 날,
저는 무엇을 보고 있었죠?
아, 면목없습니다

저는 당신이 부르시던 그 날,
갈채받는 자리에서
자아도취가 되어 있었습니다
당신이 제 이름을 부르신 그 날,
저는 다른 사람들의 이름을
애타게 부르고 있었습니다
당신께서 당신의 마음을 열어 보이신 날,
저는 고개를 돌리고
재미있는 영화를 보고 있었습니다

사랑하는 하나님,
당신은 끈질기게 따라오셨습니다
등교길, 하교길,
숲길, 가로수길,
음악회 가는 길, 데이트길에서
제 이름을 부르고 또 부르셨습니다
저는 그 때 왜 그토록 냉정했는지요?
전 어찌하여 당신의 음성을 못 들었을까요?
어느 날은 당신 목소리를 분명히 들었는데

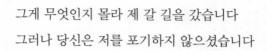

그게 무엇인지 몰라 제 갈 길을 갔습니다
그러나 당신은 저를 포기하지 않으셨습니다

사랑하는 하나님,
죽음 가운데서 비로소
당신이 부르시는 소리 듣고
제가 당신께 대답합니다
"하나님, 제가 마음을 잡았습니다.
제 마음을 확실히 정했습니다."
지금 제가 당신을 찬양하는 것은
오래 기다리신 사랑에 대한
응답일 따름입니다
절벽이던 제 마음의 귀가 뚫리자
거기, 수십 년 부르시고
고백하신 사랑의 메시지가
수북히 고여 있었습니다
자동응답기에 녹음되어 있듯,
날마다 몇 시간씩 들어도
녹음이 끝날 줄 모릅니다

사랑하는 하나님,
이제는 제가 당신의 귀가 떨어져 나가도록
찬미합니다
환희의 외침,

이것은 당신 사랑에 대한
감사의 응답입니다
당신이 녹음해 놓으신
그 사랑의 가락에 맞춰서
노래를 부르렵니다
새벽을 흔들어 깨우렵니다
비록 응답이 더디기는 하지만
지금부터 영원토록

제 숨이 붙어 있는 그 날까지
큰 소리로 찬미하렵니다

사랑하는 하나님,
소리가 나려면 두 손뼉이 필요하듯이
사랑하기 위해선 둘이 필요함을
뒤늦게서야 겨우 알았습니다
당신 홀로 늘 쓸쓸하시도록
뒷전에 서 계시도록
힘 없이 돌아서시도록
눈길 한 번 드리지 않고
딴전만 폈던 저를

용서해 주소서

하나님,
이제는
저도 주연배우이신 당신을
보좌할 수 있는
조연의 자리를 지키겠습니다
오랜 세월 동안 당신께서
하루도 빼놓지 않고 고백하셨던
사랑의 메아리처럼
저도 당신 가슴의 현들이
모조리 울리도록
사랑으로 화답하겠습니다
구원하신 그 사랑을
소리 높여 노래하겠습니다   †아멘

❧❧❧❧❧❧❧❧❧❧❧❧❧❧❧❧❧❧❧❧❧❧❧❧

영원하고도
화사한 기쁨, '하늘나라'

오직 하나님나라만 말씀하신 주님,

당신은 하나님 아버지와 하나님나라 이외에는

아무것도 말씀하시지 않았습니다

오늘도 저희에게

하나님나라를 알기 쉽게

비유로 설명해 주십니다

그동안 모아 놓은 재산을 팔아

보물이 묻혀 있는 밭을 산 농부의 비유는

예기치 못한 선물로서의 기쁨을

충만하게 설명해 줍니다

그의 마음에는 이미
감춰진 하늘나라가 아닌
드러난 하늘나라가 세워졌습니다
당신께서 뜻밖의 방법으로
예상치도 않은 때에
우리 안에 존재하는 고뇌와 짐들을
기쁨으로 바꿔 주심을 믿습니다
삶의 쇄신과 기쁨,
이것이 바로 지금 여기서 세워지는
하늘나라임을 믿습니다
하늘나라는
밀어닥치는 기쁨이며

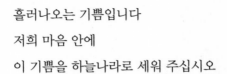

흘러나오는 기쁨입니다
저희 마음 안에
이 기쁨을 하늘나라로 세워 주십시오

기쁨을 충만히 주시는 주님,
농부는 온갖 소유를 다 팔았지만
영원한 소유인 하나님을 소유했기 때문에
이미 이 땅에서부터
하늘나라를 사는 기쁨을 얻었습니다
바로 지금 여기에서
매일 이루어지는 하늘나라를 누렸습니다
세상에 묶이지 않아
한없이 자유로운 사람이 되었습니다
세상에 묶이지 않는 기쁨,
그 기쁨을 저희도 누리게 해 주십시오
나와 너의 장벽이 허물어지고
당신만이 기쁨의 샘이 되시는
그 나라를 주십시오
마침내 차지할 하늘나라를

여기에서도 보게 해 주십시오

주님,
한 장삿꾼은 '진주라는 하나님나라'를 발견한 후
기어이 그 진주를 사들입니다
최상의 것을 얻었기에
다른 것을 찾을 필요가 없었습니다
진주만이 최고의 기쁨입니다
충만하고 온전한 기쁨입니다
최상의 발견에 미래가 실려 있습니다
그 기쁨을 누가 빼앗겠습니까!
날마다의 기쁨이 '내일의 기쁨'으로 번집니다
그 '내일의 기쁨'은 '오늘의 기쁨'에서 비롯되고
완성될 기쁨의 전조가 됩니다
오늘을 충만하게 삶으로써
내일의 충만을 보장받습니다
오늘 하늘나라의 기쁨을 누리는 자는
내일도 하늘나라의 기쁨을 누릴 수밖에 없습니다
하늘나라의 기준으로서의 가치를 사기 위해

이미 세상 기준의 가치를
버렸기 때문입니다
'어제의 기쁨'과는 비교도 되지 않습니다

화사한 기쁨을 맛보라시는 주님,
화창한 봄날,
가볍게 옷을 입고
뾰족뾰족 올라오는 새싹을 보는
기쁨을 압니다
겨우 내내 걸쳤던 무거운 외투를 벗고
날아갈 듯 경쾌한 마음으로
홀로 들녘을 거니는 기쁨을 압니다
잔뜩 웅크렸지만 봄을 잉태하고 있었던

겨울의 의미를 체험했고
겨울에도 성장하는 나무의 신비를 깨달았기어
겨울의 기쁨으로 충일해집니다
맛보기가 아니라 실제로 다가와 있는 기쁨은
형언할 수 없을 만큼 아름답습니다
오래 기다린 일이
나타나는 순간이 왔습니다
안 보이는 것을 동경하면서 품은
기쁨의 크기는
아무도 상상할 수 없습니다
아름답고 화사합니다
찬란하다 못해 떨립니다
하늘나라는 이렇게 저희 앞에
장엄하게 서 있습니다
단 한 번의 압도적인 기쁨,
영원히 지워지지 않는 기쁨,
그 하늘나라를 저희에게 주십시오   † 아멘

♣ 스스로 지혜롭다고
   여기지 말고, 주님을 경외하며
악을 멀리하여라. (잠 3:1-10)

눈물을 거두시옵소서

"아들아",
정감 넘치게 부르시는 아버지,
"예, 저 여기 있습니다."
대답하며 달려왔습니다
"내가 네게 바라는 것이 무엇인지 알겠느냐?"
물으셨습니까?
"예, 아버지, 당신의 뜻대로 순종하며 삶으로써
당신께 영광스러운 인생이 되는 것입니다."
선뜻 대답은 잘 합니다만
실제로 당신 소원을
들어 드린 일이 없어 부끄럽습니다

"딸아",
나지막하게 부르시는 아버지,
"예, 제가 당신께로 왔습니다."
대답합니다
"내가 네게 원하는 것이 뭔지 알겠지?"
물으셨습니까?
"예, 아버지, 당신을 경외하며
죄를 짓지 않으려고 최선을 다하며
당신이 누구신지 확실히 알아
당신을 기쁘시게 해 드리는
인간이 되는 것입니다."
또렷하게 대답은 잘 하지만
사실상 당신의 소원을
이뤄 드린 경험이 없는 저희로서는
너무 죄송스러워 고개를 들 수가 없습니다

그러나 아버지,
"아들아"라고 계속 불러 주십시오
"딸아"라고 연거푸 불러 주십시오

당신의 훈계와 권면을 잊고 지내다가도
당신께서 사랑으로 부르시는 음성을 들으면
끊임없이 들려 주시던 말씀이 생각나
부지런히 당신께로 되돌아올 수 있기 때문입니다
당신께서 나무라시든, 지적하시든, 아랑곳없이
당신의 말씀은 저희에게
영약이 됩니다

"아들아", 다정하게 부르시는 아버지,
무릎꿇었사오니 말씀하소서
제 영혼이 밝아지리다
해가 저물어 어두워지기 전에
당신께 영광을 돌리라고요?
어둠을 헤치고 나와
빛 가운데 서라고요?
건방진 생각이 들어
당신 말씀을 듣지 않으면
몰래 가슴 메어 우시겠다고요?
아, 아버지,

당신 지혜의 말씀을 떠나지 않으려고
깨어 있겠사오니
눈물을 거두시옵소서

"아들아", "딸아",
연달아 부르시는 아버지,
저희를 부르시는 것입니까?
당신 앞에 대령했사오니
분부를 내리소서
당신의 가르침을 귀여겨 들으리다
스스로 지혜로운 체하지 말고
항상 당신께 여쭈라고요?

당신을 경외하여 악을 멀리하지 않으면
저희의 앞길을 막으시겠다고요?
오, 아버지,
이제 다시는 당신의 훈계를 저버리고
방황하지 않겠사오니
복된 길을 열어 주시옵소서   † 아멘

♣ 여러분을 그리스도의 은혜 안으로
   불러 주신 분에게서, 여러분이 그렇게도
빨리 떠나 다른 복음으로 넘어가는 데는,
나는 놀라지 않을 수 없습니다. (갈 1:6-10)

참 자유로서의 은총

믿음을 통해서

오직 은총으로만 구원을 받도록 하신

하나님 아버지,

당신의 사랑의 목적을

곰곰이 생각하며 감격하며

영광과 감사와 찬양을 드리나이다

그리스도와의 인격적 사귐을 가짐으로써

은총의 구원을 받은 후

그 기쁜 소식을 계속 전파하도록

부름받게 하시고

소명의식을 각인하며

더 큰 은총 안에 머물게 해 주신 사랑을
감사하나이다

하나님 아버지,
아침 잠자리에서 눈을 뜨는 순간부터
밤에 다시 잠자리로 돌아가는 순간까지
은총 아닌 것이 없사와
받은 은총 헤아리다가
눈 적시고 얼굴 적시고
손수건을 적시며
줄곧 흐르는 감사의 눈물이
베개를 흠뻑 젖게 합니다
보고 듣고 느끼고 깨달으며,
사랑하며, 주며, 나누며,
먹고 소화시키고 건강을 유지하고,
걷고 움직여 일하며,
성경 읽고 기도하고 회개하며,
새롭게 당신을 만나고 알고 사랑하는
모든 과정이 은총이나이다

한량없으신 은총으로

감싸 주시는 하나님,

구원의 은총이 무엇인지

가르쳐 주시는

당신의 사랑에 감복하나이다

하늘로 오를 수 없는 인간에게

하늘로부터 사다리를 내려 주심으로써

은총이 무엇인지 보여 주셨나이다

당신께서 하신 모든 일은

오직 은총이었나이다

옛 율법에서 찾지 못한

구원의 기쁨, 믿음의 확신을

당신 아드님의 구속의 은총에서

찾게 해 주심을 감사하나이다

당신의 은총은 성령과의 통교로 인도하는

사랑의 열쇠임을 확신하나이다

한 걸음씩 지성소로 인도하시며

복음의 축복을 가르쳐 주시는 하나님,

은총은 가장 능력 있는 말씀이요,

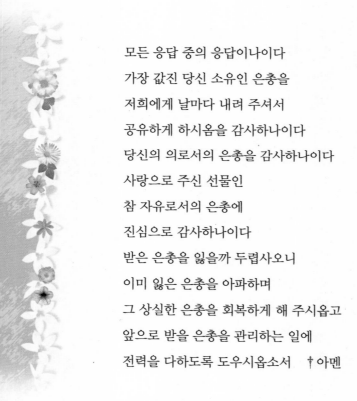

모든 응답 중의 응답이나이다

가장 값진 당신 소유인 은총을

저희에게 날마다 내려 주셔서

공유하게 하시옴을 감사하나이다

당신의 의로서의 은총을 감사하나이다

사랑으로 주신 선물인

참 자유로서의 은총에

진심으로 감사하나이다

받은 은총을 잃을까 두렵사오니

이미 잃은 은총을 아파하며

그 상실한 은총을 회복하게 해 주시옵고

앞으로 받을 은총을 관리하는 일에

전력을 다하도록 도우시옵소서   † 아멘

♣ 그러나 주인은 이렇게 대답하였다.
"아니다, 가라지를 뽑다가, 그것과 함께
밀까지 뽑으면, 어떻게 하겠느냐?"
(마 13:24-30)

가라지 인생을 청산하게

인생이란 밭의 주인이신 주님,
당신은 넓고도 넓은 이 세상 밭에
골고루 좋은 씨를 뿌리시고
추수할 날을 기다리시는
어지신 분이십니다
찬송과 영광을 드립니다
하오나 주님,
좋은 씨를 뿌리신
주인이신 당신에게
대적하는 원수가 나타나
당신의 밀밭을 어지럽히고 있습니다

이 원수 가라지는 너무 해로워
그 독성 때문에 고통을 받습니다
겉으로 보기엔 밀과 너무 흡사하지만
결정적인 순간에 마각을 드러내는
잠복성을 지니고 있어서
참과 거짓을 가려 내기 힘들어
걸핏하면 그 원수의 꾐에 넘어가곤 합니다

주님,
좋은 밀을 추수하시고 싶어하시는 주님,
당신은 밭에 씨를 뿌리시고
좋은 밀을 거두기를 기다리십니다

가라지를 보시고도
그것을 당장에 뽑지 않으십니다
어렸을 때는 밀과 분간하기 어렵다시며
그것이 자라도록 내버려 두십니다
이삭이 팬 후
가라지임이 확실해져도
여전히 뽑지 않으십니다
그 뿌리가 밀뿌리와 엉켜 있어
행여 밀을 상하게 할까 염려하며
절대로 뽑지 않으십니다
추수 때까지 내버려 두심으로써
거듭되는 기회를 주십니다

오 주님,
심판을 맞기 전에 회개하도록
무작정 기다려 주시는
당신의 사랑에 감사드립니다
심판의식을 분명히 지니고
가라지 인생을 청산하게 해 주시옵소서

주님,

좋은 밀을 추수하시고 싶어하시는 주님,

저희의 가정, 교회에까지 침투한

악한 가라지를 보게 하시며

신중한 판단을 하도록 종용하십니다

당신의 선이 마침내

이 세상의 악을 이기실 것임을

일깨워 주십니다

가라지가 훗날에

밀이 될 수도 있음을

넌지시 일러 주십니다

자신의 가라지성을 알아차리도록

사건들을 통해 회심하게도 하십니다
자신에겐 엄격하게,
형제들에겐 너그럽게 대하며
주인이신 당신의 자비를 닮도록
시간의 여유를 허락해 주십니다

오, 주님,
심판을 맞기 전에
그 나라 안에 이미 있는 자들이
되게 하소서
심판의식을 분명히 지니고
가라지 인생을
청산하게 해 주시옵소서   † 아멘

♣ 네가 사는 날 동안 아무도 너의 앞길을
가로막지 못할 것이다. (수 1:5, 9)

첫사랑 고백을 듣던 그 날처럼

하나님,

나의 주님,

저는 편지 쓰는 일로

한평생을 보낸 것 같습니다

한글을 깨친 네 살부터

조부모님께 편지를 썼습니다

중국 물이 나빠서

사마귀가 손등에 수없이 났다고요

미국으로 유학간 어머니의 친구에게

미국 인형 보내 주어 고맙다는 내용의

감사편지를 쓴 것은 일곱 살,

부모와 떨어져 피난살이 하던 때는
부치지도 못하는 편지를
날마다 썼습니다

하나님,
제가 쓴 편지 가운데
잊을 수 없는 편지가 있습니다
부산 피난시절,
저희가 세들어 살던 집에서
자주 만난
플룻 불던 오빠가 있었습니다
주인집 아들의 친구였지요
폐결핵을 앓아 얼굴이 핼쑥한 그 오빠는
제가 신청하는 곡목대로
플룻을 불어 주곤 했습니다
그러나
각혈이 심각해지자
격리 요양을 떠났습니다
저도 그 무렵 폐결핵 진단을 받고

그 독한 약을 복용하며
그의 안부가 궁금한 날
저는 편지를 썼습니다
그 편지로 연을 만들어
뒷산으로 올라가
연을 날리던 것을 당신은 보셨죠?
연줄이 나뭇가지에 걸려 끊어진 날,
그 오빠를 다시는 보지 못하리라는
불길한 예감에 사로잡혔습니다
정말 그랬습니다
서울로 환도하는 그 날까지
그 오빠는 피난민 숙소에
다시 얼굴을 나타내지 않았습니다

주님,
나의 하나님,
저는 위로편지, 사랑편지,
격려편지와 감사편지,
축하편지와 안부편지,

그리고 경조편지……
편지만 쓰다가 늙었습니다
지금도 전화보다는 편지쓰기를 좋아합니다
소외된 자들과 함께 살면서
후원자들에게 쓰는 편지를
하루에 150통 쓴 것이
신기록입니다
그 후 제 손가락이 관절염되어
이젠 입으로 불러
컴퓨터로 대신 써 주는 편지를 쓰면서도
편지쓰기를 즐거워합니다
당신께서도 제 편지 자주 받으시잖아요?

하나님,
나의 주님,
한 달 내내 당신께 드리는 사랑의 고백에
몸이 수척해진 것을
왜 당신이 모르셨겠습니까?
당신께서 드디어 침묵을 깨뜨리시어

편지를 보내셨군요
그야말로 생수 한 모금입니다
두 달 어치의 기도를 어떻게 해야
당신의 심금을 울릴 수 있을까
고민하는 제게
당신은 위로의 글을 주셨습니다
당신께로부터 첫사랑의 고백을 듣던 그 날처럼
얼굴이 홍당무되어 어찌할 바를 모릅니다
심장이 빠개질 것만 같습니다

하나님,
나의 주님,
힘을 내고 용기백배하라고요?
두려워하거나 낙담하지 말라고요?
주님, 당신이 제 곁에 계신데
제가 무엇을 두려워하겠습니까?
당신께 영광이 되는 기도를
드리지 못할까 봐 조바심할 뿐,
다른 것은 두려워하지 않습니다

당신께서 처음부터 지금까지
줄곧 불러 주셨는데
이제 손을 떼실 리 만무하잖아요?
힘이 빠진 것처럼 보이세요?
자꾸 제 힘으로 해 보려고 하다가
나동그라져서 그렇지요
엄마 등에 업혀 힘을 뺀
아기가 되어야 하는데
등에 업혀서도 떨어질까 봐
염려하는 아이처럼 되는 때가 있습니다

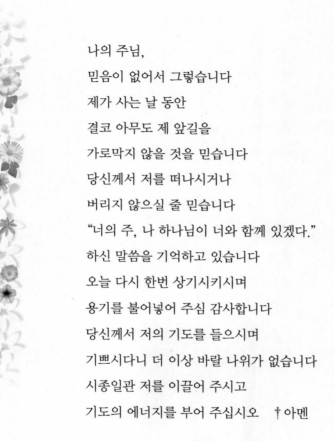

나의 주님,

믿음이 없어서 그렇습니다

제가 사는 날 동안

결코 아무도 제 앞길을

가로막지 않을 것을 믿습니다

당신께서 저를 떠나시거나

버리지 않으실 줄 믿습니다

"너의 주, 나 하나님이 너와 함께 있겠다."

하신 말씀을 기억하고 있습니다

오늘 다시 한번 상기시키시며

용기를 불어넣어 주심 감사합니다

당신께서 저의 기도를 들으시며

기쁘시다니 더 이상 바랄 나위가 없습니다

시종일관 저를 이끌어 주시고

기도의 에너지를 부어 주십시오 † 아멘

♣ 사랑하는 여러분, 하나님께서
이렇게까지 우리를 사랑하셨으니, 우리도
서로 사랑해야 합니다. (요일 4:11-12)

사랑, ~에서 끌어내기

하나님,

당신은 사랑이십니다

사랑은 당신의 선물입니다

우리도 당신을 사랑하게 해 주십시오

우리가 사랑할 때 당신이 일하시니

사랑함으로써 당신 치유의 손길이

저희에게 와 닿도록

사랑하게 해 주십시오

우리가 사랑하고 있을 때

당신 은총이 세상 안으로 흘러듭니다

비틀린 곳을 바르게 펴 줍니다

상처를 꿰매 줍니다
어둠을 밝힙니다
사랑은 당신 치유와 도움의 손길이
널리 닿도록 하는 길입니다

우리는 이 때
사랑이신 당신과 사랑의 관계를 맺습니다
아, 당신과 사랑의 관계를 맺은 사람만이
진정으로 행복한 사람입니다

하나님,
인간적인 사랑도 영원을 지향합니다
하물며 당신의 사랑이야말로
얼마나 더 큰 동경을

영원 속에 뿌리 깊게 박아 주시겠습니까?

사랑은 당신께 대한

큰 기다림을 담고 있습니다

당신께서 다가오셔서

사랑의 팔로 휘감아 주실 때를 기다리며

오늘도 당신을 향해 나아가고 있습니다

그러나 하나님,

저희는 사랑을 잘 알지 못합니다

사랑은 상냥하고 너그럽기만 한 것이 아님을

잘 알지 못합니다

사랑은 때로 화도 내고 매도 들고

거칠기도 하며

더 많은 것을 요구하며

고독과 소외의 골짜기도

지나게 한다는 것을

저희는 모를 때가 너무 많습니다

사랑의 차원을 넓혀 주십시오

인생의 의미로서의 사랑,

인생의 원칙으로서의 사랑을
이해하게 해 주소서
당신 사랑의 속성,
'~에서 끌어내기',
이것이 당신의 본질임을 믿습니다
유혹에서 끌어내기,
어리석음에서 끌어내기
고독에서 끌어내기,
자기애에서 끌어내기,
교만에서 끌어내기 등
당신은 우리를 사랑하시기에
계속 '~에서' 끌어내십니다

사랑이신 하나님,
당신은 아브라함을
그의 고향에서 끌어내셨습니다
누구나 자기에게서 탈출해야 합니다
'아버지의 집'이라는 보금자리를 떠나야 합니다
자기 안에 갇혀 있는 것에서도

과감히 벗어나야 합니다
스스로를 벗어나고 극복하며
안락한 본능에서 벗어나는 것이
당신 사랑의 본질임을 믿습니다
하나님,
사랑은 만들어 낼 수 있는 것이 아니라
선물로 주어지는 것임을
깨닫게 해 주시고
저희를 모든 악에서 끌어내셨듯이
저희도 선을 보지 못하고
맹목적으로 불행 속으로 뛰어드는 형제를
위기에서 끌어내도록 도와 주십시오
참다운 사랑의 행위는
선에서 나와 선으로,
'나' 에게서 나와 '너' 에게로
들어가는 행위임을
확실히 깨닫게 해 주십시오   † 아멘

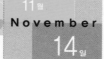

11월
November
14일

♣ 하나님이 대답하셨다. "내가 너와 함께
   있겠다. 네가 이 백성을 이집트에서 이끌어
낸 다음에, 너희가 이 산 위에서 하나님을
   예배하게 될 때에, 그것이 바로 내가 너를
보냈다는 징표가 될 것이다." (출 3:7-12)

사랑, ~로 건너가게 하기

하나님,

당신 사랑의 특성은

'~로 건너가게 하기' 이지요?

당신 손에 이끌려 죽음에서 나온 다음

당신께서는 저희를

'~로 건너가게' 하십니다

당신은 모세를 통하여

당신이 사랑하시는 백성을

이집트에서 이끌어 내시겠다는

사랑의 고백을 하십니다

그 과정중에

얼마나 혹독한 시련과 유혹이
도사리고 있는가를 아시면서도
그 백성을 온전히 당신의 소유로 삼으시기 위해
엄청난 모험을 하셨습니다
진정한 사랑으로 들어가는 길은
출애굽의 힘든 노력이 요구됨을 믿습니다
물론 우리 쪽에서는
넘어짐, 미끄러짐, 상처남과 일어섬을 반복하며
연속적으로 건너가는 노력을 해야 되겠지요
개입하시고 간섭하시는
당신의 사랑에 사로잡혀
상승운동과 하강운동을 시작합니다
이것은 수평이동인 동시에 수직이동입니다
'건너간다' 는 일만큼 어려운 것이 없습니다
당신은 중심이동을
강력하게 요청하십니다

하나님,
'~로 건너기' 위하여

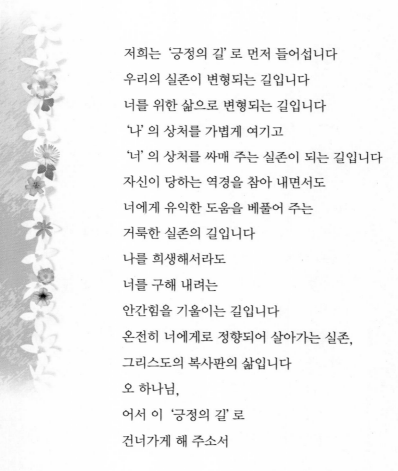

저희는 '긍정의 길'로 먼저 들어섭니다
우리의 실존이 변형되는 길입니다
너를 위한 삶으로 변형되는 길입니다
'나'의 상처를 가볍게 여기고
'너'의 상처를 싸매 주는 실존이 되는 길입니다
자신이 당하는 역경을 참아 내면서도
너에게 유익한 도움을 베풀어 주는
거룩한 실존의 길입니다
나를 희생해서라도
너를 구해 내려는
안간힘을 기울이는 길입니다
온전히 너에게로 정향되어 살아가는 실존,
그리스도의 복사판의 삶입니다
오 하나님,
어서 이 '긍정의 길'로
건너가게 해 주소서

하나님,
우리에게는 '부정의 길'도

걸어 내야 할 의무가 있습니다
나를 부정하고 너를 긍정하는
사랑이 길이 됩니다
나를 포기하고 너를 얻는 사랑입니다
너에게 마음을 빼앗겨
나를 잊어버리는 사랑입니다
나를 전부 주는 사랑입니다

묵은 나를 벗어나 새로운 나로
너에게 다가가는 사랑입니다
오 하나님, 실천적 무지를 건너서서
'부정의 길'에서 승리하는
저희가 되게 해 주소서

하나님,
그러나 당신의 사랑은
그리스도를 통하여
보여 주신 바대로 십자가를 요구하고 있습니다
당신의 사랑을 본받기 위해서는
십자가를 지고 고통을 겪는
사랑 안으로 들어가라고 하십니다
당신과 한몸이 되기 위한
전제 조건입니다
'한몸 되게 하기'
이것은 사랑의 특성 중의 특성입니다

애타게 그리워하고 사랑했으므로

반드시 하나가 되어야 합니다

당신과 저의 수직관계가

이웃과 저의 수평관계로

자유자재로 확대됩니다

그러나 당신과 한몸 되기 위하여

극복해야 할 장애요인은

저희의 교만임을 알아차리고 있습니다

스스로를 하나님으로 만들려는 욕심을

없애 주소서

높이 오르기 위해서

낮은 곳으로 내려가야 한다는

역설적 진리를 살아 내게 해 주소서

자기비움의 실체이신

우리 주 예수 그리스도의 성육신의 사랑을

배우게 해 주소서 † 아멘

♣ 그런데도 왕은 두 손으로 여전히
얼굴을 가린 채로, 큰 소리로 "내 아들
압살롬아, 내 아들아, 내 아들 압살롬아!"
하고 울부짖었다. (삼하 19:1-9)

사랑의 묵시

저희를 어여삐 여기시는 아버지,
수백 번 잘못해도 꾸지람하시며
다시는 안 볼 듯이 회초리를 들으셔도
뒤돌아서시면 모든 것을 용서하시는
다윗의 마음을 당신에게서 봅니다
좋은 것으로만 주고 싶어하시며
반항하며 버릇없이 굴어도
끝내 내치지 않고 다가오시는 당신의 마음을
다윗에게서 느낍니다
아무리 밉살스럽게 굴고 애태우게 하고
탈선해도

다시 곧은 길로 돌아오리라
믿으시는 아버지,
당신의 마음을 다윗에게서 발견합니다

사랑이 풍성하신 아버지,
당신은 인류의 죄를 불쌍히 여기사
독생자를 십자가에 달리게 하신
단장의 슬픔을 겪으셨습니다
다윗도 자기를 반역했지만
사랑하는 아들을 불쌍히 여겨
그의 죽음을 슬퍼했습니다
아, 다윗과 같은 아버지의 마음을
느끼게 해 주소서
압살롬의 비극보다
자신의 실패를 뉘우친 다윗처럼,
아버지의 책임을 다하지 못한 것을
통탄하는 다윗처럼,
저희도 책임을 다하지 못한 것을
뉘우치게 해 주소서

사랑이 풍성하신 아버지,
반역자 아들에 대한 슬픔 때문에
생명을 바쳐 나라를 구해 준
사람들을 잊을 정도로
아들을 사랑한 다윗의 마음을
읽게 해 주소서
차라리 아들 대신 죽고 싶다는
희생적 사랑과
아들의 벌을 대신 받고 싶어하는
아버지의 마음을 헤아리게 해 주소서
아버지의 입장을 조금도 고려하지 않고
끝내 배신하고 아버지를 거슬러

모반을 획책한 아들이어도
끝끝내 사랑한 아버지의 마음을
느끼게 해 주소서
아비가 자식을 어여삐 여기듯이
당신을 경외하는 자를
어여삐 여기시는 아버지,
그리스도 안에 나타난
당신 사랑의 묵시를
통감하게 해 주소서 † 아멘

♣ 내가 너를 지명하여 부른 것은,
나의 종 야곱, 내가 택한 이스라엘을
도우려고 함이었다. (사 45:1-7)

하나씩 지명하여

"나밖에 다른 신은 없다."고
말씀하시는 하나님,
정녕 당신 이외에
다른 신은 이 세상에 없습니다
천지간에 오직 하나이신 하나님,
당신의 유일성을 찬양하며
영광과 존귀를 드립니다

"내가 여호와다. 누가 또 있느냐?"고
물으시는 하나님,
과연, 당신밖엔

이 세상에 다른 신은 없습니다
당신의 유일성을 찬미하며
감사와 영예를 드립니다

저희를 이끌고
항상 앞장서 가시는 하나님,
당신은 저희 앞에 가시며
온갖 장애를 치우심으로써
저희의 길을 예비하시고
부족한 것들은 채워 놓으심으로써
필요를 충족시켜 주십니다
승리의 길로 줄곧 인도하시는
당신의 능력을 높이 기리며
당신의 전능하심을 찬양합니다

인간 역사의 뒷자리에 숨어서
키를 잡고 계시는 하나님,
당신은 안 보이는 배후,
막 뒤에서 지배하시며

구원의 활동을 계속하고 계시오니
인간의 영고화복 역시
당신의 손에 달려 있습니다
당신은 전능하신 사랑이시오나
이 세상은 죄악과 불행으로 가득차 있어서
선하신 당신과 악한 세상의 문제는
언제나 불가해한 수수께끼입니다
하오나 당신의 손에서
고난의 쓴 잔을 받는 자들은
모두 세상의 승리자들임을 믿습니다

이 세상 모든 일을 홀로 도맡으신
우리의 전부이신 하나님,
이 세상 모든 사람을
하나씩 지명하여 불러 내셔서
당신의 일을 돕도록 하시는 하나님,
당신의 전능하심과
선택해 주신 사랑을 감사드립니다
미끄러져 넘어진 저희를

다시 일으켜 세우시고
도저히 이길 수 없는 원수 마귀를
저희 앞에 굴복시키시며
감당할 수 없는 고귀한 신분까지
내려 주심을 감사드립니다

숨겨 두신 당신의
은총의 선물까지 내어 주시며
당신이 하나님이심을 알려 주심을
감사합니다

온 인류의 아버지 하나님,
당신 한 분밖에
믿을 분이 안 계십니다

당신만이 오직 참 신이심을
이제로부터 영원히 고백하렵니다
창조주 하나님,
구원의 하나님,
평화의 주 하나님이심을,
세계 만국에 선포하렵니다
정의의 하나님께서
사랑의 통치를 하시며 지명하신 저희를
승리의 길로 인도하실 것임을
확신합니다   †아멘

♣ 우리는 이 장막집에서 신음하며,
　하늘로부터 오는 우리의 집을 덧입기를
갈망하고 있습니다. (고후 5:1-10) ✱

복된 시간의 전환이여!

우리 몸이 죽기 전에
먼저 묵은 자아가 죽기를 원하시는 하나님,
묵은 자아가 죽지 않고는
새 자아의 집인 영원한 하늘집에
들어갈 수 없다는 것을
알려 주시니 감사합니다
그러하오나 아버지 하나님,
저희는 자아를 죽이기는커녕
작은 습관 하나 고치지 못하여
전전긍긍합니다
당신을 기쁘시게 해 드리는 일만을

소원으로 삼는다면서도
실제의 삶 속에서는
당신의 뜻을 벗어날 때가 너무 많습니다
바울처럼 당신의 뜻을 위해
몸 바치게 해 주소서
바울처럼 당신의 집을
덧입기를 열망하게 해 주소서

우리의 종착역인 죽음을 향해
그리워하며 나아가기를 원하시는 아버지,
그러기 위해서는 임시정류장인 이 땅에서
믿음의 낙제생이 되어서는
안 된다고 가르쳐 주시니 감사합니다
그러하오나 아버지 하나님,
저희는 자꾸 보이는 것에 눈길을 돌립니다
그래서 안 보이는 당신에게서
줄곧 떠나 있기 일쑤입니다
안 보이는 영원에
우리 생의 의미가 있음을

너무 자주 잊어버립니다
바울처럼 안 보이는 것에
시선을 고정하게 도와 주소서
바울처럼 영원을 사모하게 해 주소서

생명을 주신 하나님,
당신은 영속적인 생명을
주시려는 뜻을 세우셨습니다
하오나 원조들의 원죄로 인하여
죽음이 인간조건이 되었습니다
죽음은 밀폐된 또 하나의 현실로 다가와
'인간은 반드시 죽는다.' 는
명제를 남겼습니다
그러나 사랑이신 하나님,
당신은 건너갈 수 없는 죽음을
비연속적인 연속성의 생명으로 접합시켜
당신과 아드님을 믿는 저희를
구원해 주시오니 감사합니다

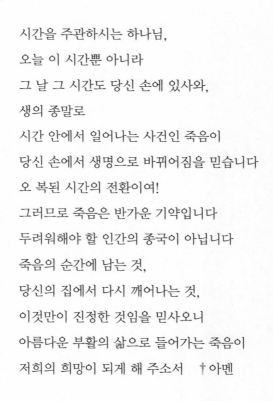

시간을 주관하시는 하나님,
오늘 이 시간뿐 아니라
그 날 그 시간도 당신 손에 있사와,
생의 종말로
시간 안에서 일어나는 사건인 죽음이
당신 손에서 생명으로 바뀌어짐을 믿습니다
오 복된 시간의 전환이여!
그러므로 죽음은 반가운 기약입니다
두려워해야 할 인간의 종국이 아닙니다
죽음의 순간에 남는 것,
당신의 집에서 다시 깨어나는 것,
이것만이 진정한 것임을 믿사오니
아름다운 부활의 삶으로 들어가는 죽음이
저희의 희망이 되게 해 주소서   † 아멘

♣ 어린이들이 내게 오는 것을
  허락하고, 막지 말아라. 하나님나라는
이런 사람들의 것이다. (막 10:13-16)

물러설 때와 돌아설 때

주님,

사랑이 충만하신 주님,

당신은 하나님나라를 받아들이는

어린이를 사랑하십니다

어린이와 같은 어른도 사랑하십니다

당신은 어린이들을 축복하십니다

당신은 어린이들을 껴안으실 때

그들의 것으로 삼아 버린

하늘나라를 안으시는 것입니다

어른이 되지 않기 위해서

저희가 해야 할 것들을 가르쳐 주십시오

어른이 되지 않으려면
물러설 때와 돌아설 때를
분명히 구분지으라고요?
당신께서는 광야로 물러나셨고
하나님나라를 선포하시기 위해
다시 세상으로 돌아오셨습니다
그러나 죽음과 부활로써 마무리되는
당신의 생애에서 밝혀지는 것은
당신의 돌아옴이
단순히 세상사람들과 생각을 나누는 일
이상의 것이었다는 점입니다
상실과 죽음을 거쳐서
생명에 이르는 것을
의미하는 것이기 때문입니다

생명이신 주님,
물러섬에서 무엇이 일어나는가는
돌아옴에서 무엇이 일어날까를
결정해 줍니다

출발점은 채워지지 않는 열망으로
나약하고 무력한 인간적 비탄과
갈망이었습니다
그러나 당신을 체험하는 동안
그 무력한 비탄이
유력한 열망으로 바뀌면서
당신과의 친교에 이르게 됩니다
갈등이나 환경 그리고
고통과 죄와 죽음이라는
삶의 한계상황에서 나타나는
고독을 극복하려는 의지가 생깁니다
더 이상 예전의 삶과 같은 상태로
돌아갈 수 없습니다
일단 물러섰던 사람은 돌아올 때
새로운 모습으로 돌아옵니다
잠시 물러서서 소꿉장난하던 어린이는
세상일을 까맣게 잊어버립니다
그러다가 일상으로 돌아오면
다시 일상생활을 잘 꾸려갑니다

한 번 물러서고 두 번 물러설 때마다
자꾸만 새 사람이 되어 돌아오곤 합니다
어린이처럼 새 사람이 되어
돌아오게 해 주십시오

생명이신 주님,
어린이처럼 어디에 몰두하게 되면
마음이 불타올라
그것에서 빠져나오지 못하게 해 주십시오
처음에는 사물이 존재하는 겉모습만 보지만
깨달음이 오기 시작해서
빛이 비춰지면

가능성의 세계로 들어갑니다
자기가 무엇이든지 할 마음만 먹으면
할 수 있다는 생각을 하며
마음이 불타오르고
지성의 비추임을 받는
어린이가 되게 해 주십시오
불타오름이 일어나기 전에는
사물이 존재하는 상태만을 바라보기에
모든 것의 가능성을 볼 수 없습니다
마음이 수없이 불타오르며
지성의 비추임이 내리쬐게 되면
당신에 의해 접촉되는
체험을 하게 됩니다
당신과의 관계 속으로 들어갑니다
사랑 받는 존재임을 기뻐하는
어린아이처럼 되게 해 주십시오   †아멘

♣ 눈은 몸의 등불이다.
그러므로 네 눈이 성하면 네 온몸이
밝을 것이요, (마 6:22-23)

더 커지지 않는 눈으로

주님, 나의 주님,

당신은 맑은 눈동자를 사랑하십니다

당신은 빛나는 존재를 사랑하십니다

눈은 한 존재의 등불이기 때문입니다

눈을 통하여 마음의 세계의 빛이

비춰 나오기 때문입니다

그러나 맑은 눈동자를 가진 사람들이

줄어들고 있습니다

제 눈에서도 광채가 사라졌습니다

눈이 커져서 자꾸 나쁜 것을 보기 때문입니다

눈이 커지면 어른 되고

형제들의 약점이나 허물만 봅니다
주님,
어린이처럼 눈이 커지지 않아
당신과 하늘나라만을
올려다보게 해 주십시오

주님,
어린이의 눈을
그대로 간직하고 살고 싶습니다
그러기 위해서 해야 할 일을 가르쳐 주십시오
사랑을 철석같이 믿는

믿음이 있어야 하겠죠
사랑을 너무도 굳게 믿기 때문에
믿음의 대상이 되는 사람에게서
늘 새롭게 사랑을 끌어내는
어린이가 되게 해 주십시오

어린이는 낯선 사람에게도
신발끈을 풀어 달라고 떼를 씁니다
어린이가 우리를 필요로 하면 할수록
그의 믿음도 그만큼 더 커집니다
그러나 주님,
어른이 되면 점점 사랑을 믿지 않습니다

사랑에 의존하지 않고
사랑의 손에 자신을 맡기기를 거부합니다
사랑을 거부할 때
사랑을 믿지 못할 때
우리는 늙은 어른이 된다는 사실을
깨닫게 해 주십시오

주님,
어린이의 눈을 그대로 뜨고 있으려면
하나님의 시간 안에 들어가야 한다고요?
하나님의 특별한 개입을 통한 인생,
인간의 역사의 전환점을 찾으라시는 거죠?
당신의 시간을 선택하시고
당신의 수단을 사용하시며
하나님은 당신 시간에 우리에게 오십니다
우리는 기다리며 준비하기만 하면 됩니다
어린이는 동물조련사가
우리의 테를 가지고 있듯이
하나님께 테를 뛰어넘으시라고

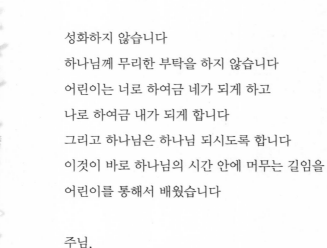

성화하지 않습니다
하나님께 무리한 부탁을 하지 않습니다
어린이는 너로 하여금 네가 되게 하고
나로 하여금 내가 되게 합니다
그리고 하나님은 하나님 되시도록 합니다
이것이 바로 하나님의 시간 안에 머무는 길임을
어린이를 통해서 배웠습니다

주님,
어린이의 눈을 뜨고 살기 위해서
우리 안에 오신 당신께
말하는 법을 배우도록 해 주십시오
"나는 누구인가,
오늘 내 안에서 메아리쳤던
생각은 무엇이었나,
가장 의미있는 존재는 누구인가,
나를 사랑으로 움직이게 하는
동기는 무엇인가,
내가 정말 원하는 것은 무엇인가?"

이런 것에 관해서
당신께 계속 여쭙게 해 주십시오
정신과 의지와 마음
정서와 상상력,
추억과 지성의 빛, 이 모두는
당신께 도달할 수 있는 문입니다
부끄러운 곳이나 아픈 곳을
그대로 드러내 보일 수 있는 용기를 주셔서
어린이 같은 어른이 되게 해 주십시오
어린이는 친구들의 환부를 보고도

흉을 보지 않습니다
여러 가지 치료방법을 동원하여
낫게 해 주려고 합니다
자신도 아픈 데를 보이면서
친구들의 지혜를 구합니다
어린이의 눈은 더 커지지 않습니다
어린이의 눈은 자라지 않기 때문에
삶의 모습이 변한다 할지라도
항상 당신을 올려다보고
형제를 바라봅니다
오 주님,
더 커지지 않는 눈을 가진
어린이가 되게 해 주십시오   † 아멘

♣ 그래서 들릴라가 삼손에게 물었다.
"당신의 그 엄청난 힘은 어디서 나오지요?
어떻게 하면 당신을 묶어 꼼짝 못하게
할 수 있는지 말해 주세요." (삿 16:4-9)

엄청난 힘의 비밀

하나님,
당신의 에너지가 제 안에서
엄청난 폭발력으로 분출되고 있습니다
이 힘의 원천은 당신이십니다
당신께 찬양과 영광을 드립니다

하나님,
제 손가락들이 아직 휘어 있어도
제 손가락의 힘을 당할 자 없습니다
종일 잠시도 쉬지 않고 일한 다음에도
제 힘은 빠지지 않습니다

서너 시간 잠을 자고도
피곤하지 않습니다
그 이튿날 낮에도 영향을 미치지 않습니다
감기 때문에 열이 나고
밭은 기침을 하고
원고 쓰는 일로 줄곧 힘을 소모하는데도
저는 탈진하지 않습니다
끊임없이 솟는 샘물처럼
힘이 솟구치고 있습니다
이 힘의 원천은 당신이십니다
당신을 찬송하고 찬송합니다

하나님,
제가 제 자신에게 놀랄 때가
한두 번이 아닙니다
제 나이와 병력,
그리고 일의 분량과 아랑곳없이
젊고 건강한 이들보다
일을 많이 하고 있습니다

지칠 줄 모르는 불굴의 의지,
그리고 그 의지를 받쳐 주는
육체의 에너지를 생각하면
유한성 안에 깃든
무한성을 인정하지 않을 수 없습니다
이 힘의 원천은 당신이십니다
당신께 감사와 존귀를 드립니다

하나님,
길을 걸을 때
계단을 오르내릴 때
기도하느라고 한 자리에
몇 시간이고 앉아 있을 때
다리와 등에 큰 물줄기가 와 닿는 것을
느낄 때가 있습니다
때로 가볍게 날아가듯 뛰고 있을 때
저를 밀어 주는
보이지 않는 당신 손의
위력을 느낍니다

당신의 에너지는
제 성대도 움직여
쉿소리를 내게 합니다
제가 찬송을 부를 때
제 영혼과 배에도

큰 힘을 불어넣어 주십니다
당신을 찬양합니다

하나님,
그 힘의 비밀을 알려 달라고
이웃이 졸라댑니다

어떤 이는 선천적 기라고,
오랜 기도생활에서 오는 것이라고,
나름대로 주관적 의견을 내세웁니다
저는 모릅니다
당신만이 아십니다
당신의 힘이 떠난 후
몸을 움직이지 못한 삼손처럼
되지 않게 해 주십시오
당신만 제 곁에 계시면
저는 맥없는 지푸라기가
되지 않을 것입니다
오 하나님,
더 늙고 병들어도
이 불쌍한 것,
버리지 말아 주십시오 †아멘

돌아오너라

용서하시는 하나님 아버지,
곰곰이 생각해 보니
지금까지는 당신께
몸으로만 왔지
마음으로는 오지 못했습니다
형식으로만 와 있었지
내용으로는 오지 않았습니다
겉으로만 와 있는 척했지
속으로는 아직도
죄에서 떠나오지 못했습니다
그러니 회개했다고 말만 하고서

참회 없고 진정한 죄고백이 없는
회개를 한 것입니다
행실이 없는 말뿐인 회개를 한
저를 용서해 주소서
겉은 죄사함 받고 평안한 것 같으나
속은 불안과 소란으로 무질서했음을 고백하오니
어서 속히 바른 회개를 하도록 도와 주소서

"돌아오너라."
애타게 부르시는 하나님,
"용서해 주십시오."라고 빌라며
가르쳐 주시는 아버지,
지금까지 걸어온 죄의 길을 돌이켜
반대방향으로 가야 회개인 줄 알면서도
온 길로 그대로 계속해서 나아가야
목적지에 당도할 것 같은
죄의 속임수에 자주 빠지곤 합니다
잘못된 방향으로 빨리 달리면 달릴수록
목적지에서 훨씬 멀어짐을

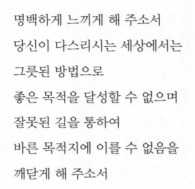

명백하게 느끼게 해 주소서
당신이 다스리시는 세상에서는
그릇된 방법으로
좋은 목적을 달성할 수 없으며
잘못된 길을 통하여
바른 목적지에 이를 수 없음을
깨닫게 해 주소서

"돌아오너라."
애타게 부르시는 하나님,
잘못 갔던 길에서 되돌아서지 않는 것은
그릇된 길에 대한 선택의 잘못이
자신에게 있음을
시인하기 싫어서입니다
죄에 붙들려
죄의식이 약화되어서입니다
모든 것을 부조화스럽게 하는 죄는
당신의 뜻에 어긋나는 것임을
깨닫게 해 주소서

저의 많고많은 부조화가

저의 죄 때문임을 알아차리게 해 주소서

그리하여 제 죄를 깨달아

그 부조화를 조화로 옮기게 해 주시고

당신께로 가는 길을 보여 주시려고 오신

길이신 예수 그리스도를

따라나서게 해 주소서

오 하나님,

당신께로 돌아와

지금까지의 죄를 고백하오니

용서해 주시고 저를 품어 주소서 † 아멘

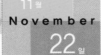

♣ 할렐루야. 주님께 감사하여라.
그는 선하시며, 그의 사랑 영원하다.
(시편 106:1-3)

사랑, 이보다 더
위대한 낱말이 있다면

사랑, 이보다 더 위대한 낱말이 있다면
당신을 그것으로 부르고 싶나이다
나의 아버지, 우리 아버지,
부당한 은혜로 먹감기시고
만복의 선물로 옷 입히신 후
당신의 면전에서
용서받은 죄인들이
춤추며 노래하게 하시오니
소리 높여 감사찬송 하나이다

자비, 이보다 더 아름다운 어휘가 있다면
당신을 그것으로 부르고 싶나이다
우리 아버지,
나의 아버지,
단 1초도 쉴새없이
저희 삶의 현장으로 오셔서

간섭하시고 일하시고 올바로 세우시고
이리 혹은 저리로 인도하시며
당신 나라의 시민으로 삼으시고자
당신의 뜻을 알려주시며
순종하여 복 받도록
오래 참아 주시오니
목청 높여 감사찬송하나이다

약속하신 대로 이루시는

하나님 아버지,

일 년 내내 당신께서는

저희와 맺으신 그 사랑의 계약을

단 한 순간도 잊지 않으시고

저희의 행위와는 아랑곳없이

넘치는 복을 베풀어 주셨나이다

이 고생스러운 인생길,

시련과 역경 투성이인 광야 길을 걷는 동안,

발목 부러지거나 발바닥 부르트지 않게 하시고

굶주리거나 헐벗지 않게 해 주신 것을

감사드리나이다

온갖 좋은 것으로 영육을 채워 주시고
궁지에 몰릴 때는
빠져 나갈 길을 마련해 주심을
감사드리나이다
나날이 부족하지 않도록 보살펴 주시고
필요한 것들을 공급해 주신 것을
감사하고 감사하나이다
형언할 수 없는 사랑을
부으시고 또 부어 주셨나이다
몸으로도 갚을 수 없사옵고
눈물로도 보답할 수 없나이다
다만 당신께 사랑을 고백하나이다
감사찬송을 부르나이다   ✝아멘

♣ 주의 인자하심을 감사하여라.
　사람들에게 베푸신 주의 놀라운
구원을 감사하여라. (시 107:1-9)

언제 갚사오리

주시고 또 주시는 하나님,

아침에도 주시고 저녁에도 주시는 아버지,

더울 때도 주시고 추울 때도 주시는 하나님,

아플 때도 주시고 건강할 때도 주시는 아버지,

당신께서 주신 사랑,

은총과 갖가지 복과 충만을

진심으로 감사하나이다

생명을 덧입혀 주시고

생명을 누릴 수 있도록

끊임없이 기적을 베풀어 주시오니

감사하나이다

어디를 둘러봐도 당신의 손길이 닿아 있고
무엇을 먹어도
당신께서 손수 마련하신 음식이요,
어떤 것을 입어도
당신의 솜씨가 깃들어 있나이다

감사를 꽃다발로 엮어 바치나이다
감사를 노래로 불러드리나이다
감사를 춤으로 풀어 봉헌하나이다
늘 함께하시고 도와 주시고
계속 붙들어 주시옴을 감사드리나이다
무엇으로 갚사오리

언제 갚으오리
어떻게 갚사오리까
생 자체, 존재 자체가
온통 당신 특은의 열매인 것을
오 하나님 아버지,
저희에게 주시기 위하여
다 비우시고도 여전히 충만하신
당신을 찬양하오며
더더욱 목청 높여
감사의 송가를 부르오니
받아 주시옵소서

나의 사랑, 우리의 사랑,
영원하신 하나님께
감사의 노래 부르나이다
구속의 은혜를 헤아리며
기쁨의 송가 부르나이다
무자격한 저희를 죄에서 건져 내신
자비와 긍휼을 회상하며

감격의 노래 부르나이다
어둠의 속박에서 해방시키고
고통의 사슬에서 풀어 주신
그 한량없으신 사랑을 뒤돌아보며
감사의 노래 부르나이다
날마다 순간마다
감사의 찬가 부르나이다

나의 사랑, 우리의 사랑,
영원하신 하나님께
감사의 노래 부르나이다
여기에서는 먹을 것과 입을 것,
일상의 모든 것을 주시고
거기에서는 영원한 생명과
무한한 평화를 주시마 약속하시니
환희의 찬가 부르나이다
결핍에서 충만으로
가난에서 부요로
비천에서 영광으로

건너게 해 주셨으니
감격의 노래 부르나이다
광야에서 사람 사는 고장으로
고독과 방황에서 구원으로
인도해 주신 당신께
감사의 노래 부르나이다   †아멘

♣ 감사하는 마음을 제물로 바치는
사람이 나에게 영광을 돌리는 사람이니,
올바른 길을 걷는 사람에게, 내가 나의
구원을 보여 주겠다. (시 50:22-23)

철철 넘치도록

감사하는 마음을 제물로 바치는 자에게

구원을 보여 주시마는 하나님,

감사로 제사를 드리는 자가

당신을 높이 받드는 자라고

말씀하시는 하나님,

가장 좋은 길인 감사의 길을 걷겠사오니

저희를 구원해 주시옵소서

당신을 높이 받들겠사오니

저희를 구원해 주시옵소서

당신은 생활과 예배에 있어서

감사가 아주 중요하다고 말씀하십니다

생활과 예배가 분리되어서는
안 된다고 강조하십니다
사람은 예배드리기를 원하고
당신은 받기를 원하시나
제물로써 만족하실 수 없고
저희의 마음을 바치라 하시오니
감사하는 마음이 철철 넘치도록
흐르게 해 주시옵소서
만물을 온전히 소유하신 당신께
제물만 가지고는 무의미한 것임을
확실히 깨닫게 해 주시옵소서
감사로 제물을 삼으라시는
당신의 새로운 선언에
응답하게 해 주시옵소서

감사하는 마음을
제물로 바치는 자에게
구원을 보여 주시마는 하나님,
감사의 생활을 하지 않고 사는 것은

당신을 모르는 체하는 자들의 소행이라고
일깨워 주십니다
당신께서 오래 참아 주시지 않았다면
저희들의 뻔뻔스럽고 감사 없는 삶은
이미 죄악으로 정죄당하고 말았을 것입니다

어려운 일을 당할 때에 당신을 부르며
당신께 영광을 돌리는 삶을
살게 해 주시옵소서
걸음마다 조심하며,
가는 길을 잘 살피고,

당신께 서원한 것을
갚게 해 주시옵소서
그리하여 감사 못하여 짓는 죄는
이제 그만 짓게 도와 주시옵소서
율법과 언약으로
선한 삶을 살려는 노력에
감사의 기쁨을
더하게 해 주시옵소서   † 아멘

♣ 그리고 다윗은 모시로 만든 에봇만을
  걸치고, 주님 앞에서 온 힘을 다하여 ✳
  힘차게 춤을 추었다. (삼하 6:12-23)

당신은 춤, 나는 춤꾼

하나님,

당신은 춤이십니다

저는 춤꾼입니다

저는 걸을 때나 말할 때나

일할 때나 기도할 때나

언제나 춤을 춥니다

당신을 모시고 당신 앞에서

당신을 추고 있습니다

어느 날엔가는 저도

춤이 되고 싶은 열망으로

춤을 춥니다

춤이신 하나님,
만물은 춤을 춥니다
바람만 불면 그들은 춤을 춥니다
우리도 우리 안에
당신의 영이 충만하면 춤을 춥니다
춤은 구경하도록 되어 있는 것이 아니라
직접 추게 되어 있습니다
자의식을 온전히 풀어 제치고
어린 아기 때의 맨몸으로 돌아가
흥겨워서 추는 춤 말입니다

춤이신 하나님,
인생은 한바탕의 춤입니다
신바람나는 춤입니다
가장 솔직한 자아표현이
춤입니다
온존재로 춤을 추며 살아가고 싶습니다
미리 안무해서
기억해 내며 추는 춤이 아닙니다

그 때 그 때마다
혹은 어떤 사건 앞에서
마음으로 추는 춤입니다
끊임없이 춤을 추게 해 주십시오

춤이신 하나님,
당신 앞에서 춤을 추고 싶습니다
말씀 받을 때,
말씀을 가슴에 모실 때,
복 주신 것을 헤아리며,
앞으로 주실 복을 미리 감사하며
다윗처럼 춤을 추고 싶습니다
선택받은 기쁨과
하나님의 자녀로 높여 주신 것을 기뻐하며
당신 면전에서
줄곧 춤을 추고 싶습니다
당신을 찬양하며 섬기는 행위 자체가
모두 춤이 되도록 해 주십시오
삶 자체가

온통 춤이 되도록 해 주십시오

춤이신 하나님,
춤을 추기 위해서는
먼저 길고 긴 죽음의 잠에서
깨어나라고요?
찌뿌드드하고 권태로웠고
심드렁했던 영혼이 기쁨을 얻게 되며
경이로움을 느낄 때
춤이 추어집니다
당신을 추는 것입니다

당신이 그토록 원하시는
춤꾼이 되는 것입니다
길고 긴 어둠과
죽음의 잠에서 깨어난 자신을 바라보며
춤이 시작됩니다
창조적 생명력을 얻게 되어
춤을 추지 말라고 해도 춤을 춥니다

춤이신 하나님,
존재내면으로의 여행을 하면서
자신의 허위성을 스스로 고발합니다
착각이 무너지고 존재가 해체됩니다
영구자아로 알았던 자신의 모습이
거짓자아임을 발견합니다
가슴을 쥐어 뜯는 회한과 고통이 몰려옵니다
엄청난 악의 심연 앞에서 오열합니다
그럼에도 불구하고 선택하시고 구원하시며
죄를 사해 주시고 사랑으로 품어 주시는
당신의 사랑을 느끼면서

존재내면의 딱지를 하나씩 떼어 내며
통한의 절규를 합니다
너무나 슬픈 춤입니다
그러나 울고 있는데도 영혼은 춤을 춥니다
폭소를 터뜨릴 때만큼이나
통곡은 멋진 춤이 됩니다

춤이신 하나님,
묵은 자아의 해체가
끝나지 않을 것 같은 그 때에
당신께서 나타나십니다
비참한 제 자신을
그토록 극진히 사랑하신
당신의 미소를 봅니다
용서와 자비로 가득하신
당신의 눈빛을 봅니다
새로운 인간으로 창조될 수 있으며
본질자아로 건너갈 수 있다고
희망을 주십니다

숨겨져 있는 그 에너지를

끌어낼 수 있는 방법을 알려 주십니다

무한하신 당신의 사랑에

목놓아 울면서 춤을 춥니다

빛이 비쳐옵니다

빛 속에서 무도회가 계속됩니다

저는 당신과의 관계를 맺으며

당신을 추는 것입니다

오 하나님,

당신은 춤,

저는 춤꾼입니다   † 아멘

♣ 그렇소. 내가 주님 앞에서
그렇게 춤을 추었소. 나는 주님을
찬양할 수밖에 없었소. (삼하 6:12-23)

난 간 데 없고 오직

사랑하는 하나님,
누구든지 당신의 영과 접촉하면
춤이 될 수 있는 가능성을 보았습니다
우리 존재 자체가 하나의 춤,
당신 사랑의 에너지로 바뀔 수 있는
가능성을 보았습니다
언제 불어오실지 모르지만
성령께서 우리에게 불어오시는 그 순간,
우리는 모두 불의 춤을, 영성춤을,
덩실 더덩실 추게 될 것입니다
불구두를 신고 햇불을 들고

불의 춤을 추게 될 것입니다
가장 큰 불을 일으킬
영성춤을 출 것입니다

사랑하는 하나님,
뜨거운 사랑의 춤을 추기 위해서
먼저 마음의 귀를 열게 해 주십시오
마음에 있는 여러 개의 귀로
들을 수 있게 해 주십시오
보지 못하는 자아, 숨겨진 자아,
알려지지 않은 자아를 볼 수 있는
마음의 창을 더 열어 주십시오
진실로 마음으로 듣고 마음으로 말하여
춤이 시작되게 해 주십시오
존재가 유연해지도록
마음을 여는 훈련을 하게 해 주십시오

사랑하는 하나님,
마음의 문이 열리기 시작하면

비로소 지금까지 생각한 내가 아님을
확인하게 된다죠?
비동일시의 경지라고요?
나와 내 것을 분리할 줄 아는
능력이 생기는 것이죠

부정적인 감정,
분노와 미움과 혐오 등을 치유받고
당신께서 가장 기뻐하시는
성령의 열매와 이해와 연민 사랑 등
핵심가치를 살려낼 때
내 안에 신성을 발견하며

네 안에서도 신성을 발견합니다
지난날 나의 작은 그림의 틀이 벗겨지며
큰 그림으로 바뀌어집니다
내적 자각이 확장되며
새로운 미래로 시각이 고정됩니다
안 하던 것을 할 수 있고
하던 것을 안 할 수도 있습니다
어느덧 체질적 변화가 옵니다
당신의 뜻에 온전히 복종할 마음이 솟구칩니다
이 때 내면의 목격자는
춤을 추라고 말합니다
'함(doing)'에서 '임(being)'으로 건너가며
계속 춤을 추게 합니다

사랑하는 하나님,
이제는 너와 사랑의 관계맺기가 시작됩니다
이 우주의 모든 것은
서로 의존하고 있는
춤으로 연결되었다면서요?

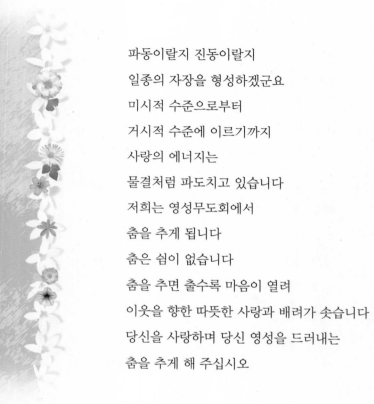

파동이랄지 진동이랄지
일종의 자장을 형성하겠군요
미시적 수준으로부터
거시적 수준에 이르기까지
사랑의 에너지는
물결처럼 파도치고 있습니다
저희는 영성무도회에서
춤을 추게 됩니다
춤은 쉼이 없습니다
춤을 추면 출수록 마음이 열려
이웃을 향한 따뜻한 사랑과 배려가 솟습니다
당신을 사랑하며 당신 영성을 드러내는
춤을 추게 해 주십시오

사랑하는 주님,
사랑이신 당신과 접촉하게 될 때
우리도 춤이 될 수 있지요?
사랑의 진동이 생기는 곳에
춤으로 존재할 수 있지요?

풍성한 사랑으로 메꿀 수 없는
균열된 틈은 없습니다
풍족한 사랑으로
허물지 못할 벽은 없습니다

사랑할 수만 있다면
당신의 에너지와 접촉하게 되고
더 이상 내가 없고
오직 춤만이 있을 따름입니다
아, 나는 간 데 없고 오직 춤만 있나니,

이것이 신비가 아니고 무엇입니까?
끝나지 않는 춤은 너에게까지 옮겨
모두 춤을 추다가
춤이 될 날이 오리라 믿습니다   † 아멘

♣ 밭에서 난 곡식을 거두어들일 때에는,
밭 구석구석까지 다 거두어들여서는
안 된다. 거두어들인 다음에, 떨어진 이삭을
주워서도 안 된다. (레 19:9-10)

이삭 남기기

내 주 하나님,

당신이 세상을 얼마나 사랑하셨는지

당신 가슴으로 이 세상을

얼마나 꼭 껴안으셨는지

생각할 때마다

뜨거운 눈물이 영혼에서 솟구칩니다

당신은 당신의 자녀들 중

어느 누구도

사랑스럽게 굴든 아니든

순종하든 안 하든

비범하든 평범하든

충만한 삶을 살기를 원하십니다
믿음충만, 평화충만, 사랑충만,
물질충만을 원하십니다

내 주 하나님,
당신은 곡식을 거두어들일 때
구석구석 모두 거두지 말 것,
떨어진 이삭을 줍지 말 것을
당부하셨습니다
가난한 이들과 나그네들이 줍도록
신신당부하셨습니다
제 몫 이상을 가지려는 저희는
부끄러워 고개를 들지 못합니다
이삭을 남기기는커녕
남의 밭의 이삭까지도 주워 먹는
저희입니다
자기 땅을 동네 길로
단 한 뼘도 내놓지 못합니다
너의 집 상수리나무가

나의 집 뜰에 뿌려 놓는 상수리는
쌍수 들어 환영하고
자기네 집 감나무가
옆집 담에 떨궈 놓는 감은
모조리 내놓으라고 을러댑니다
천국이 과연 저희의 것이 될 수 있을까요?

내 주 하나님,
그런데 한 애독자가
제게 항의했습니다
제 책을 몇 권 읽어보니
온통 받은 것만 열거했을 뿐,
일평생 준 것이 없으니
어찌 그런 이기적인 인간이 있느냐고요
너무 실망해서 앞으로 제 책은
결코 읽지 않겠다고요
이런 때 저는 아무 말도 할 수가 없습니다
받은 것만 기억하기 때문이라고 해봐야
알아듣지 못할 것 같아서요

만일 제가 준 것을 써 놓는다면
받은 것이 왜 준 것보다 적으냐고
따지고 덤벼들지 않겠어요?

내 주 하나님,
당신도 아시다시피
전 받은 것만 기억하고
준 것은 잊어버리려고 노력합니다
제 것은 하나도 없고
모두 당신 것이며
당신 것으로 나누어 주며
생색을 낸 것이므로

누구에게 사탕 하나도
제 것에서 준 것이 없습니다
그래서 전 언제나
받은 가짓수만 헤아리며 감사합니다
그러나 다시금 생각해 보면
저는 몹쓸 인간입니다
정말, 저는 주는 것보다 받는 것을 싫어합니다
주는 기쁨을 누리려는 욕심쟁이이기 때문입니다
이게 교만한 자의 행위가 아니고 무엇입니까?

내 주 하나님,
짐짓 준 것 감추고
내적 만족에 사로잡혀 살기는 싫습니다
하지만 제게서 받고 돌아서서
더 안 줬다고,
덜 좋은 것 줬다고
욕하며 가버릴 때
배신감을 느끼고 슬퍼집니다
그렇다면 은근히

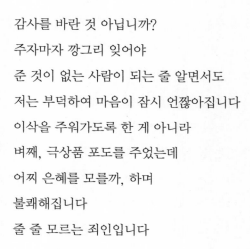

감사를 바란 것 아닙니까?
주자마자 깡그리 잊어야
준 것이 없는 사람이 되는 줄 알면서도
저는 부덕하여 마음이 잠시 언짢아집니다
이삭을 주워가도록 한 게 아니라
벼째, 극상품 포도를 주었는데
어찌 은혜를 모를까, 하며
불쾌해집니다
줄 줄 모르는 죄인입니다

내 주 하나님,
주고 난 다음에
받은 자가 감사하든지 않든지
그가 받은 것을 가지고
불평하든지 욕을 하든지,
당신 것을 떼어 준 것이니
그의 행동에 마음 쓰지 말게 해 주십시오
오히려 제가 주면서
무엇을 잘못했나 성찰하게 해 주십시오

이삭을 남기는 자가
이삭을 줍는 자가 될 수도 있다는 것을
깨닫게 해 주십시오
그리하여 불평하던 사람들이
감사하지 않던 사람들이
스스로 잘못을 깨닫고
당신께 감사하지 않은 것과
당신의 것을 나눠준 사람에게도
고맙다고 하지 않은 것을
뉘우치고 돌아서게 해 주십시오
이삭을 남기게 하신 분을
찬양하게 해 주십시오　✝아멘

11월
November
28일

♣ 너희는 지나간 일을
　기억하려고 하지 말며, 옛일을
생각하지 말아라. (사 43:18-19)

싹터오는 새 일

과거에 마음을 두지 말라시는 하나님,
당신께서 시작하신 새 일을 보라고
손짓해 주시니 감사드립니다
가버리는 시간의 의미로서가 아니라
오는 시간의 차원에서
생각하라시는 것이죠?
당신 나라의 시간이 오고 있음이 분명합니다
그래서 흘러간 시간 안에서
못 다 이룬 일들을 놓고 한탄하기보다
다가올 시간 안에서 이루어 갈
당신 중심의 일을 생각하며

가슴이 뿌듯해짐을 느낍니다

계속 시간을 주시는 하나님,
당신은 시작이라는 일만 하시는 것처럼
새 싹과 새 길과 새 계획을 말씀하십니다
당신의 말씀을 듣고 있노라면
힘이 저절로 솟구칩니다
자연스럽게 어깨춤이 추어집니다
감사합니다

"내가 시작이요, 마감이다."
우렁차게 선포하시는 하나님,
당신의 손으로 놓으신

땅의 기초 위에 서서
당신 오른손으로 펼치신
하늘나라를 올려다봅니다
당신의 영을 내려 주시어
아드님의 일생을 순례하도록
큰 은총과 영광의 빛을
비춰 주심을 감사합니다
저희 삶의 구석구석
당신의 입김이 스며들지 않은 곳이
단 한 군데도 없었고
어떤 일이 생길 때마다
즉시 달려오셔서
현장으로 바로 걸어들어 오시며
척척 해결해 주심을 감사합니다

저희도 몰래 저희를 보살펴 주시는 하나님,
진심으로 감사합니다
광야에 큰 길 내 주시고
사막 인생길에 물 대어 주심을

진정으로 감사드립니다

"보아라" 하시며 가리키시는
당신의 위업과 성업을 우러러보며
눈물로 감사합니다
어디를 둘러봐도 당신의 사랑,
어디를 살펴봐도 당신의 은총,
어디를 바라봐도 당신의 축복,
그 어느 곳에나
당신의 새 일이 아름답게 싹터옵니다
새로운 시작에 소망을 품습니다
행복한 예감에
희망의 횃불을 높이 치켜듭니다   †아멘

‹••‹•‹•‹•‹•‹•‹•‹•‹•‹•‹•‹•‹•‹•›

♣ 그 아들은 보이지 않는 하나님의
형상이시요, 모든 피조물보다 먼저
나신 분이십니다. (골 1:15-21)

하늘을 땅으로 내려오도록

하늘을 땅으로 내려오게 하신 주님,
당신은 하나님나라를 품에 안으시고
이 땅에 하나님의 뜻을 펼치러 오셨습니다
땅을 하늘로 올리게 하신 주님,
당신은 이 땅의 사람들의 희망을
그 사랑을 묵상하며 눈물을 흘립니다
하나님께 올려 드리시며
하나님과 저희 사이를 이어 주셨습니다

아, 하나님과 인간을 하나되게 하시려고
당신의 몸을 송두리째 내어 놓으신

우주적 구원을 성취시키시되
그 초점을 인간에게 두시며
우주 또한 포기하지 않으신 주님,
당신은 인간의 죄로 깨어진 이 세상을
평화로 회복시키시기 위하여
십자가의 왕으로 오셨습니다
하나님의 뜻을 이 땅에 실현시키시는 왕,
해방과 자유의 기쁨을 이 땅위에 심으시는 왕,
사람과 사람을 사랑의 끈으로 묶으시는 왕,
참된 유일한 왕이신 당신을
영접할 준비를 하도록
인도해 주십시오
하나님과 사람 사이의 평화
사람과 사람끼리의 평화를
이룩하게 해 주시려고
당신 자신을 아낌없이
죽음에 내어 던지셨습니다
시시각각 내미시는 구원의 말씀을
순간마다 내미시는 구원의 손을

뿌리치고 거절하는 저희의 죄를 대신 지시고
십자가에서 피를 흘리셨습니다
하나님과의 올바른 관계를 맺도록 하기 위하여
죽으시면서까지 화목을 가져오신
왕이신 그리스도여,
당신의 왕 되심을 묵상하며
뼛속 깊이 오열합니다   ✝아멘

♣ 네가 말한 대로 나는 왕이다. 나는
진리를 증언하려고 태어났으며 진리를
증언하려고 세상에 왔다. (요 18:33-37)

오늘 그리고 언제까지나

땅과 하늘의 왕이신 주님,
당신 안에서 만물이 새롭게 되오리니
온갖 피조물이 노예상태에서 해방되어
당신을 섬기며
끝없이 당신을 찬양하게 하시옵소서
그리하여 우리 영혼 안에 군림하시고
저희는 저희 안에 거하시는
당신의 법에 복종함으로써
당신 나라가 확장되기를 소원합니다
하오나 주님,
당신의 나라가 임하도록 하기 위해서

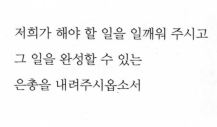

저희가 해야 할 일을 일깨워 주시고
그 일을 완성할 수 있는
은총을 내려주시옵소서

주님,
정의와 불의, 빛과 어둠이
동반자가 될 수 없는 것처럼
당신의 나라와 죄 많은 세상이
공존할 수 없음을 알고 있습니다
이 죽을 몸을 죄가 지배하지 않도록
땅에 속해 있는 저희를
불쌍히 여겨 주시고
성령의 열매를 맺도록 도와 주시옵소서
마침내 당신께서 당신 왕국에서 거니시듯
저희 안에서 유유자적하시고,
저희가 바라는 영적 권세의 오른편에,
저희 안에 좌정하실 줄 믿습니다
오 주님,
만백성 온갖 족속이

당신 앞에 무릎꿇고 절하며
왕이신 당신께
영광을 돌려드리기를
바라옵나이다

이 세상 나라가 어서 당신 나라가 되어
영원무궁토록 당신께서
다스리시기를 희망하옵나이다

뿌리 깊은 모멸적 질문,
"네가 왕이냐?"에
"내 왕국은 이 세상에 속한 것이 아니다."고
말씀하신 주님,

당신은 사랑의 왕이십니다
당신의 왕국은 무력에 기반을 두지 않은
사랑으로 정복하는 나라입니다
당신의 왕권은
종말론적 진리의 영역에 속해 있습니다
당신이 증거하시는 진리는
바로 하나님의 현실입니다
그러나 이게 어인 일이옵니까!
세상을 심판하러 오신 당신이
세상의 심판자인 빌라도 앞에
서 계시다니요!

당신을 죽이기 위해 유다인들은
이제까지 지켜온 모든 원칙,
"하나님만이 우리의 왕이시옵니다."를
너무 쉽게 범하였습니다
"우리 왕은 가이사밖에 없습니다."라는
군중의 외침은
가장 놀라운 표변이었습니다

왕이신 주님,
사랑으로 일관된 삶,
진리의 증거로 일관된 삶,
평화의 선포로
일관된 삶을 사신 당신을
왕 중의 왕으로 섬기며 찬양합니다
성육신 자체가
충만한 사랑과 진리의 형상화이며
당신 인격이 바로
진리의 계시임을 믿습니다
당신의 진리의 사역을 받아들이는 자들은

죄악세상에서 해방되어
당신 사랑의 왕국에서
참 자유를 누리게 될 것임을 믿습니다
오 주님,
당신만이 우리의 왕이심을 믿고 있습니다
오늘 그리고 언제까지나
"당신만이 우리의 왕이십니다."라고
외치게 해 주옵소서   † 아멘

성 ┃ 경 ┃ 찾 ┃ 아 ┃ 보 ┃ 기

출

3:7-12 p. 80

레

19:9-10 p. 147

수

1:5, 9 p. 68

삿

16:4-9 p. 111

삼하

5:17-25 p. 24
6:12-23 p. 133
6:12-23 p. 140
19:1-9 p. 86

시

4:6-8 p. 10
50:22-23 p. 129
106:1-3 p. 120
107:1-9 p. 124
108:1-4 p. 42

잠

3:1-10 p. 54

사

41:8-10 p. 16
43:18-19 p. 154
45:1-7 p. 90

호

14:1-3 p. 116

마

6:22-23 p. 104
13:24-30 p. 63
13:44-46 p. 48

막

10:13-16 p. 99

눅

5:36-39 p. 29
7:36-50 p. 36

요

18:33-37 p. 161

롬

1:16-17 p. 33

고후

5:1-10 p. 95

갈

1:6-10 p. 59

골

1:15-21 p. 158

요일

4:11-12 p. 75

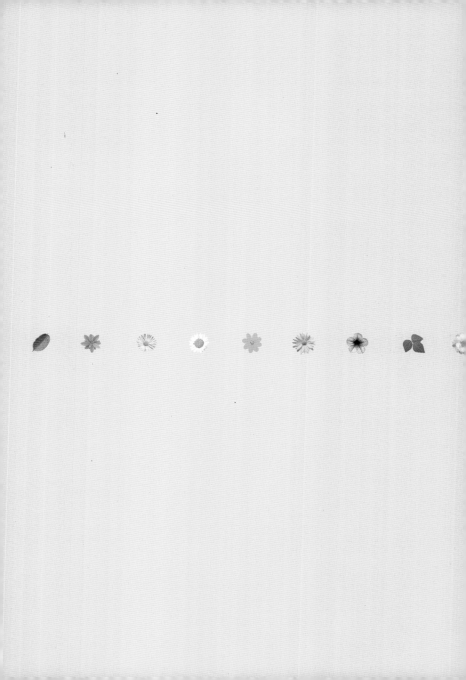